A pesca da vida

MAURICIO MARQUES

© Mauricio Marques, 2025
Todos os direitos desta edição reservados à Editora Labrador.

Coordenação editorial Pamela J. Oliveira
Assistência editorial Vanessa Nagayoshi, Leticia Oliveira
Direção de arte e capa Amanda Chagas
Projeto gráfico e diagramação Vinicius Torquato
Preparação de texto Dalila Jora
Revisão Jacob Paes
Imagens de miolo Inteligência Artificial

Dados Internacionais de Catalogação na Publicação (CIP)
Jéssica de Oliveira Molinari - CRB-8/9852

Marques, Mauricio
  A pesca da vida / Mauricio Marques.
  São Paulo : Labrador, 2025.
  192 p. : il.

  ISBN 978-65-5625-898-0

  1. Marques, Mauricio - Memórias autobiográficas 2. Pescadores - Memórias autobiográficas 3. Pesca I. Título

25-2409   CDD 927.991

Índice para catálogo sistemático:
1. Pescadores - Memórias

Labrador

Diretor-geral Daniel Pinsky
Rua Dr. José Elias, 520, sala 1
Alto da Lapa | 05083-030 | São Paulo | SP
contato@editoralabrador.com.br | (11) 3641-7446
editoralabrador.com.br

A reprodução de qualquer parte desta obra é ilegal e configura uma apropriação indevida dos direitos intelectuais e patrimoniais do autor. A editora não é responsável pelo conteúdo deste livro.

O autor conhece os fatos narrados, pelos quais é responsável, assim como se responsabiliza pelos juízos emitidos.

Aos meus pais queridos, que partiram antes de testemunhar mais este feito, cuja sabedoria e amor continuam guiando cada passo na minha "pesca da vida".

Aos meus sogros amados, que, além de me propiciarem o "peixe", me ajudaram e me orientaram a pescar nessa "pesca da vida".

À minha morena, o maior troféu que a "pesca da vida" me concedeu, com quem compartilho todas as vivências e caminhos.

SUMÁRIO

Apresentação — 7
Introdução — 11
O princípio — 15
Pânico — 21
Contemplação — 29
Euforia — 35
Frustração — 41
Alegria — 51
Precipitação — 59
Tensão — 67
Aventura — 73
Humildade — 79
Solidariedade — 87
Ancestralidade — 93
Tristeza — 99
Perigo — 105
Revelação — 113
Tédio — 121
Medo — 129
Planejamento — 135
Empatia — 143
Paciência — 149

Confidência —————————————————— 155
Expectativa —————————————————— 161
Persistência —————————————————— 167
Companheirismo ————————————————— 175
Simplicidade —————————————————— 183
Agradecimentos ————————————————— 191

Apresentação

O impacto barulhento do vaivém das ondas nos arrecifes perturbava a concentração de um jovem que, entrincheirado numa das saliências dos contrafortes rochosos de beira-mar, se dispunha a pescar. Aprendera com o irmão mais velho a coreografia do movimento marinho. A vigésima quinta onda, sempre muito maior, morria num agito suave infalivelmente aos seus pés. Inconsciente, automático, contava-as e sempre terminava com a onda maior. Aprendera também que a direção da correnteza marítima otimizava o lançamento de sua linha de pesca.

Um Sol fugitivo despertou a Lua de Sangue em honra ao eclipse lunar total, que, de maneira agressiva, botou sua forma púrpura. Por conseguinte, o crepúsculo, carmesim e ameno, avançou. De onde estava, o pescador mirou o horizonte. Uma esteira de luminosidade difusa, ladeada por duas divergentes, partia da Lua. Em seu trajeto, o lusco-fusco lunar salpicava de nuances vermelho-vivo as ondas e espumas flutuantes.

Extasiado com o espetáculo, o pescador não percebeu a inconsistência daquele momento, pois a Lua subiu no horizonte, cresceu, cresceu e cresceu, como se estivesse apoiada no mar. Com sua força gravitacional centuplicada, tudo foi tomado por aquele gigantesco círculo de sangue, e não se sabia se era a Lua no mar ou o mar na Lua. O pescador sentiu, então, a iminência de que o imponderável, o extraordinário e o absurdo eram possíveis. Movimentos telúricos, lunares e marítimos, em ressonância, se chocaram. E, por alguns segundos, Terra, mar e Lua, tudo parou. A mente ativa do pescador concluiu a contagem das ondas. Na vigésima quinta onda ou vigésima hora, não se lembra, o volume d'água não se desfez aos seus pés como sempre. E diante dessa magia, desse encantamento, surge na onda parada uma palombeta, metade dentro, metade fora.

E um estranho e impossível diálogo, assim, se ouviu:

— Por que pescas, jovem pescador?

— Esporte e diversão. Saudáveis! — retrucou.

— Ledo engano. Não vês que há muito mais do que isso numa pesca?

— Como assim? — indagou o jovem pescador.

— *Nosce te ipsum*[1] — admoestou o peixe. E continuou: — Enriquece tua vida! Busca a natureza da vida e seus desdobramentos! Contempla a natureza! Vivencia, com sapiência, o agora, os desafios, bem como os encantos, da pesca! Busca experiências construtivas! E com isso encontre a tua "pesca da vida"! — exclamou o peixe.

— Então é isso? A pesca da vida? — interessou-se o pescador.

— Não! Encontra-a! Divulga-a! Brada-a aos jovens, porque, embora não saibam, neles estão a ânsia da vida, a ânsia do saber, a ânsia do conhecimento.

Com essas palavras, o peixinho se foi. E, com ele, o encantamento daquele local. E tudo voltou ao normal. De resto, apenas uma luminosidade difusa de uma pequena Lua de Sangue no horizonte.

O jovem pescador, pensativo, juntou seus pertences, deu uma última olhada para os arrecifes e partiu.

Em seu semblante, apenas um tranquilo sorriso de muitas certezas.

Marcello Duarte
É servidor público aposentado, pescador, tricolor, engenheiro civil pela UnB, pesquisador e consultor nacional e internacional de numismática. Autor de dois livros, Leite Preto *e* O fio da moeda - Contos de numismática.

---

[1] "Conhece-te a ti mesmo."

Introdução

Sou um pescador amador há muitas décadas, e essa paixão começou há muito tempo, nas pedras da praia de Boa Viagem, no Recife (PE), onde minha família e eu morávamos. Meu irmão, quatro anos mais velho que eu, me levava junto para pescar, mas não por escolha própria. Era minha mãe, querida e firme, que só permitia que ele saísse para a pesca se me levasse junto. Até hoje consigo ouvir sua voz decidida: "Você só vai pescar se levar seu irmão...". Ela nos observava de longe, da sacada do terceiro andar do prédio, na rua dos Navegantes, mantendo um olhar atento sobre nós enquanto pescávamos na praia. Essas memórias daquele tempo são muito especiais para mim. É um período da minha vida que guardo com muito carinho e que alimentou minha paixão por esse esporte que tanto amo.

Alguns anos mais tarde, mudamos para Brasília, e foi lá que comecei a explorar novas aventuras de pesca com mais autonomia. Tive a oportunidade de pescar em diversos lagos e rios da região, como os lagos Paranoá, Serra da Mesa, Corumbá IV e Palmital, além dos rios Preto, São Bartolomeu, Paranã, São Marcos e Paracatu. À medida que o tempo passava, decidi me aventurar ainda mais, explorando os rios Araguaia, Cuiabá, Piquiri e São Lourenço no Pantanal mato-grossense, Teles Pires, Xingu, Manso, Juma, Urubu, e até mesmo o rio Paraná, na Argentina. Quando em férias, no Rio de Janeiro, nunca me esquecia da pesca marinha, pois a Região dos Lagos é parte inseparável dessa minha jornada de pescador. Depois de 27 anos, finalmente voltei à rua dos Navegantes, na praia de Boa Viagem, o ponto de partida da minha trajetória. Embora o prédio onde morávamos não exista mais, consegui me orientar pelos arrecifes onde meu irmão e eu costumávamos pescar. Foi uma verdadeira viagem no tempo, cheia de nostalgia e alegria.

Ao longo desses anos, testemunhei a evolução da pesca esportiva. Comecei com os simples caniços de bambu e, com o passar do tempo, fui adotando as varas de alta tecnologia, equipadas com molinetes e carretilhas modernas. As antigas linhas de náilon deram lugar às de multifilamento, com líderes de fluorcarbono, alguns encastoados, outros não. Passei das iscas vivas para as artificiais, e vi uma mudança na legislação de uma pesca sem restrições para a atual política de "Cota Zero". Acompanhei também a transição dos pesqueiros de "pesque e pague" para os de "pesque e solte", refletindo uma mudança cultural em direção à conservação e à sustentabilidade. Hoje, pratico a pesca esportiva usando iscas artificiais que eu mesmo fabrico, e já faz muito tempo que não levo peixe para casa.

Refletindo sobre esses anos de pesca, percebo que as minhas maiores amizades foram construídas e/ou fortalecidas à beira dos rios, lagos e praias. A pesca, para mim, é mais do que um esporte; é um espaço para cultivar relações significativas, compartilhar alegrias, frustrações, desafios e vitórias com amigos. Durante as pescarias, cria-se um vínculo especial, baseado na confiança, no respeito mútuo e na paixão por essa atividade. São as experiências vividas juntos, os momentos de companheirismo e as memórias inesquecíveis que tornam a aventura da pesca ainda mais rica e significativa.

Além disso, a pesca ensina valiosas lições de vida. Ela é um exercício constante de paciência, persistência, humildade, respeito e trabalho em equipe. Nem sempre é uma atividade calma e tranquila; pelo contrário, é repleta de imprevistos, desafios e obstáculos. As adversidades, como condições climáticas desfavoráveis, falhas no equipamento ou escassez de peixes, testam nossa resiliência, criatividade e capacidade de adaptação. Cada peixe fisgado ou liberado de volta ao seu hábitat nos ensina algo sobre a vida, sobre nós mesmos e sobre nosso lugar no mundo. A verdadeira aventura está na superação dos desafios, na conquista de objetivos, no aprendizado com cada obstáculo, no crescimento pessoal e na evolução de nossos valores, resultando em uma visão de mundo mais madura e consciente.

Foi nesse cenário que vivenciei e compartilhei muitas experiências, desejos, emoções e sentimentos; às vezes, até antagônicos e que se sucederam numa mesma temporada, como alegria, tristeza, pânico, contemplação, frustração, euforia, precipitação, paciência, tensão, expectativa, aventura, perigo, solidariedade, humildade, tédio, persistência, medo, planejamento, companheirismo, empatia, confidência, ancestralidade, simplicidade, revelação, dentre outros. Sem me aperceber, foi esse conjunto de vivências que ajudou a forjar o meu caráter, a minha visão de mundo e comunidade. Ao longo dessa jornada, aprendi muito com a escola da vida, a qual não nos dá férias; pelo contrário, nos inunda de ensinamentos no seu dia a dia. Pensando nisso, resolvi materializar parte desses acontecimentos vivenciados e compartilhados com meus amigos — aqui citados com identidades fictícias, em formato de "causos" e em cenários reais — relacionando algumas das emoções sentidas, às vezes positivas, outras nem tanto, à minha formação, a qual costumo chamar carinhosamente de "A pesca da vida".

O PRINCÍPIO

O conceito de princípio é fundamental e multifacetado, servindo como base para pensamentos, ações e sistemas. Ele pode ser entendido como uma causa inicial, uma ideia primordial ou uma regra que orienta comportamentos e decisões. Na filosofia, os princípios são vistos como verdades fundamentais que sustentam teorias e explicações mais complexas. Funcionam como pilares sobre os quais se constrói o conhecimento humano, ajudando a organizar e dar sentido às experiências. Em níveis individuais e coletivos, os princípios guiam escolhas, fornecendo direções claras diante da complexidade do mundo. Assim, eles são alicerces essenciais, pois dão sustentação e estabilidade ao que se desenvolve a partir deles. Ao serem aplicados, princípios tornam-se ferramentas práticas, ajudando na resolução de problemas e na construção de perspectivas que conectam ideias abstratas à realidade concreta. São, portanto, guias indispensáveis para a vida e o progresso humano.

Tudo começou em 1965, no mar de Boa Viagem, bairro onde morávamos, no Recife. Me lembro muito bem do belo dia de sol em que fomos à praia eu, minha mãe querida e o Bironga. Trata-se do meu irmão, o mais velho de uma família de cinco filhos, na qual eu fui o segundo a nascer. Bironga é pernambucano, nascido no Recife, casado três vezes, pai de quatro filhos e avô de um casal de netos, torcedor do fluminense, engenheiro, matemático, professor, escoteiro e amante da astronomia. Como irmão mais velho, me influenciou desde cedo. Quando criança, eu costumava sempre imitá-lo. Ao longo de muitos anos, absorvi muitas virtudes e defeitos dele. Na faculdade, onde fizemos o mesmo curso de engenharia, herdava seus livros e, com eles, as histórias de traumas e sucessos obtidos nas disciplinas cursadas. Quando morávamos em Boa Viagem, nos anos 1960, uma das coisas que ele costumava fazer era pescar Mariquitas e Palombetas nos arrecifes daquela praia.

A praia de Boa Viagem é uma das mais conhecidas e frequentadas de Recife. Ela se estende por aproximadamente sete quilômetros ao longo da costa urbana e é famosa por suas belas paisagens e seus arrecifes naturais, que desempenham um papel importante tanto na proteção da praia quanto na formação de suas características únicas. Os arrecifes de Boa Viagem são formações rochosas que se estendem paralelamente à costa, emergindo durante a maré baixa e criando uma barreira natural contra as ondas do mar aberto. Durante a maré baixa, é possível caminhar sobre os arrecifes, observando a vida marinha que fica presa nas pequenas poças de água represadas. Peixes coloridos, crustáceos e outros organismos marinhos tornam essas formações um pequeno ecossistema, fascinante para observadores e pescadores. As areias douradas de Boa Viagem se estendem até a orla, onde estão localizados diversos quiosques, bares e restaurantes, oferecendo opções de lazer e gastronomia para os seus visitantes.

Mariquita é um peixe marinho que mede até 25 cm. Seu corpo é vermelho com faixas escuras, e possui cabeça grande com olhos vermelhos. É um peixe noturno, que vive em águas rasas ou profundas, em áreas de corais ou rochas. Forma grandes cardumes e se esconde em cavidades durante o dia. Pode ser visto nadando de cabeça para baixo em fendas. Já a Palombeta é um peixe de mar com aparência similar à sardinha, medindo até 30 cm de comprimento. É comum em baías e estuários. Possui corpo alongado e com as extremidades mais estreitas que o centro, com coloração prateada, dorso escuro e azul metálico. Vive em águas costeiras e rasas.

Eu achava o cenário onde meu irmão pescava o máximo. Quando a maré baixava, as pedras afloravam e impediam as ondas de se propagarem em direção à praia e, com isso, proporcionava um espetáculo à parte. De um lado, o choque das ondas nas pedras acarretava um som estridente e uma impactante chuva de espuma branca sobre elas e, no outro lado, o represamento das águas formava uma autêntica piscina natural, de águas tranquilas e cristalinas, refletindo o azul do céu e o verde das águas rasas, tornando-as mais quentes sob o sol e apropriadas para um banho de mar, especialmente para crianças e pessoas que buscavam um ambiente seguro para nadar. O cenário nesses dias era o seguinte: minha mãe querida tomando sol, eu brincando nas piscinas naturais e o Bironga, é claro, pescando nas pedras. Me lembro bem de uma vez em que ele voltou de uma pescaria com uma das mãos toda arranhada e sangrando, afirmando que havia mergulhado atrás de um polvo que tinha se escondido dentro de uma cavidade nos arrecifes onde costumava pescar. Para trazê-lo, teve de enfiar a mão dentro da loca para capturá-lo. Aquilo, para mim, reforçou ainda mais a imagem de ídolo que eu tinha dele. De vez em quando eu cismava em acompanhá-lo, o que só acontecia com a permissão de nossa mãe querida e, é claro, muito a contragosto de meu irmão. Hoje, eu entendo bem e tenho a convicção de que, naquelas ocasiões, representava uma verdadeira mala sem alça para ele.

Naquele dia, além dos meus brinquedos, que costumeiramente me acompanhavam nessas ocasiões, minha mãe querida tinha comprado e levado uma pequena vara de bambu, com linha e anzol, para eu brincar, semelhante ao equipamento que o Bironga levava para suas pescarias. Aquilo para mim era a própria consagração. Minha mãe querida iscou um pedaço de camarão no anzol da minha vara e pronto, lá fui eu para minha primeira pescaria. Claro que o ambiente não poderia ter sido outro senão as piscinas naturais formadas quando da maré baixa. A sensação que tenho hoje é a de que, naquele momento, eu estava sendo atentamente observado, tanto da areia, pela minha mãe querida, quanto das pedras, pelo Bironga. Não me recordo se fiquei por muito tempo na espera. O que ficou na minha mente foi o exato momento em que tudo aconteceu. De repente, a vara se esquivou e a linha esticou, senti uma tremedeira na mão e, quando percebi, era ele: o meu primeiro troféu. Não sei precisar qual o tipo de peixe tinha pescado, mas me lembro bem que era todo colorido e devia medir mais ou menos uns 5 cm, o que para mim era um senhor peixe. Saí correndo em direção à minha mãe querida a fim de mostrar a grande conquista. Minutos depois, ainda radiante de alegria, o Bironga chegou, me abraçou e me parabenizou, dizendo: "Agora, sim, você é um pescador".

Até hoje me emociono com essa lembrança e, acreditem vocês, estou comovido em poder externalizar esse momento na "pesca da vida". Passada a euforia, voltei a esse mesmo local com a convicção de que capturaria mais um. Ledo engano, fiquei um bom tempo na espera, e nada de peixe. Confesso que me deu um certo tédio e voltei para minha mãe querida, alegando estar enjoado de pescar. Acho que foi naquele exato dia que aprendi o verdadeiro significado do termo "nem sempre a maré está para peixe". Certamente devo ter voltado a pescar ali nos mesmos moldes daquele dia, mas sinceramente não consigo me recordar. É como se a minha mente me dissesse: "As outras lembranças não têm tanta importância, grave apenas essa, pois foi quando tudo começou".

Essa passagem da minha vida destaca a importância das primeiras experiências e como elas moldam nossa compreensão. A memória do primeiro peixe fisgado é uma lembrança especial que me emociona até hoje, pois representa o começo da minha jornada na "pesca da vida". No entanto, o retorno ao mesmo local com grandes expectativas e o fracasso em capturar outro peixe me ensinou uma lição valiosa. Esse aprendizado reflete a ideia de que nem sempre teremos sucesso imediato, mas que a paciência e a aceitação dos altos e baixos são fundamentais para o crescimento pessoal. A lembrança desse dia permanece viva porque marcou o início de uma compreensão mais profunda sobre a natureza da vida e da persistência.

Pescar ao lado do meu irmão Bironga, e sob o olhar cuidadoso da minha mãe querida, me proporcionou uma primeira lição valiosa. Essa lição simboliza os altos e baixos da vida, nos quais a paciência, a persistência e a capacidade de aprender com as experiências, boas ou ruins, são essenciais para o crescimento pessoal e a conquista dos objetivos. A "pesca da vida" nos ensina que nem sempre as coisas acontecem como desejamos, mas é preciso manter-se firme e aprender a valorizar tanto as vitórias quanto as frustrações. A vida é um aprendizado constante, cheio de altos e baixos. Essa experiência representa a vida em si, e a persistência é fundamental para lidar com os momentos de escassez e frustração.

Aprender com a experiência e não se deixar abater pela falta de resultados imediatos é essencial para alcançar o sucesso em longo prazo. A família, as experiências e a capacidade de aprender com os erros são elementos fundamentais para o nosso desenvolvimento pessoal. A metáfora da pesca nos lembra que a vida é cheia de incertezas, e que é preciso ter paciência e persistência para alcançar nossos objetivos.

PÂNICO

O pânico é uma emoção avassaladora que surge de forma súbita e irracional, marcada por um medo intenso e desproporcional à situação. Ele desencadeia uma série de reações físicas e emocionais, como aceleração dos batimentos cardíacos, suor excessivo, sensação de sufocamento e pensamentos descontrolados. Nesse estado, o corpo e a mente entram em alerta máximo, como se enfrentassem uma ameaça iminente e grave, mesmo que o perigo real seja inexistente ou menor do que parece. Diversos fatores podem provocar essa reação extrema, como situações de alto estresse, traumas, transtornos de ansiedade e até o uso de substâncias químicas. O pânico pode ser debilitante, uma vez que a pessoa afetada perde temporariamente a capacidade de raciocinar com clareza e agir de forma racional. Embora assustador, trata-se de um mecanismo do corpo humano, muitas vezes relacionado ao instinto de sobrevivência. Compreender suas causas e buscar apoio, seja terapêutico ou médico, é essencial para enfrentá-lo e retomar o equilíbrio emocional.

Experimentei essa emoção por volta da metade da década dos anos 1970, quando eu e um grupo de amigos resolvemos pescar num lugar chamado lagoa Feia, que de feia não tinha nada, muito pelo contrário. A lagoa Feia é um lago natural, localizado no município de Formosa, Goiás, a cerca de oitenta quilômetros de Brasília. É um local de beleza singular, apesar do nome inusitado. Suas águas, de um azul intenso, refletem o céu e contrastam com a vegetação verdejante que a cerca. A paisagem é um convite à contemplação, com a natureza exuberante e a tranquilidade reinando sobre o ambiente. A lagoa é um refúgio para quem busca contato com a natureza, com opções para praticar atividades como pesca, banho e passeios de barco. A abundância de peixes, como tilápia, pacu, piau e traíra, atrai pescadores de diversas localidades. As águas cristalinas permitem uma visão nítida do fundo da lagoa, revelando a riqueza da vida aquática. Hoje em dia, a lagoa Feia é um importante ponto de referência para o turismo rural da região, oferecendo hospedagem em pousadas simples e acolhedoras, com a oportunidade de experienciar a cultura local e saborear a culinária goiana.

Naquela época, nossas pescarias eram decorrentes de acampamentos, com barracas, fogueiras à noite, enfim, o que chamamos hoje em dia de "pescaria raiz". Combinamos de ir, então, eu, Pará, Chiquinho, Dinis e Max, com suas respectivas namoradas. Como em toda turma de jovens sempre se destaca um líder, no nosso caso não era diferente, o nosso líder era o Max. Ele tinha o carisma e a capacidade de atrair e guiar, de forma inspiradora, todos os que ficavam ao seu redor. Max sempre esteve à frente do nosso tempo. Eu o conheci no início dos anos 1970. Sempre foi o mentor das extravagâncias inerentes a toda adolescência: modo de se vestir, estilo do cabelo, influência musical, consumo de bebidas alcoólicas, tabagismo, viagens de trem, acampamentos variados etc. Me recordo que foi com ele que conheci um lugar lindo, no entorno de Brasília, chamado Poço Azul, onde fomos acampar. Certo de que lá caçaríamos nosso próprio alimento, ele nos convenceu a levar pouquíssimos mantimentos. Nem preciso detalhar que não houve caça e que passamos fome, mas essa é uma outra história.

A nossa ideia era acampar na margem da lagoa Feia durante três dias e duas noites. Chegado o momento tão esperado, uma sexta-feira, partimos logo cedo, em três Fuscas, para aproveitarmos ao máximo o dia: dois carros com os casais e o terceiro para os solteiros. Ao chegarmos lá, tratamos logo de levantar o nosso acampamento: armação das barracas, montagem da cozinha e obtenção de lenha para a fogueira. Enquanto o almoço era preparado, saímos eu, o Chiquinho e o Max à procura de alguém que alugasse uma canoa de pesca. Não me recordo como, mas conhecemos um nativo que nos alugou uma canoa bem rústica, feita de teto de Kombi. Sim, estamos falando daquele veículo fabricado pela Volkswagen entre 1950 e 2013 e considerada a precursora das vans de passageiros e cargas de hoje em dia. Depois do almoço, colocamos a canoa na água e seguimos, a remo, em direção à margem oposta da lagoa, onde estávamos acampados, com o intuito de soltar algumas boias iscadas para a pesca de traíras. No final da tarde, voltaríamos para resgatá-las. Soltamos, então, as boias e retornamos para o acampamento. Lembro-me de, na volta, termos detectado um pequeno vazamento na canoa, o que não nos surpreendeu, afinal, o que esperar de uma embarcação feita do teto de uma Kombi?

A traíra, um dos peixes de água doce mais temidos e admirados do Brasil, é conhecida por sua voracidade e força. Com corpo alongado, escamas cinzas ou esverdeadas com listras horizontais escuras e dentes afiados, ela é uma predadora nata, habitando diversos ambientes aquáticos do país. Sua fama como peixe esportivo se deve à resistência e à emoção da luta durante a pesca. No entanto, a traíra exige cautela, pois sua pele lisa e escamosa dificulta o manuseio, e seus dentes podem causar ferimentos graves. Nas regiões que oferecem boa alimentação, é comum que atinjam setenta centímetros de comprimento e alguns exemplares excedam 4 kg de peso.

No final daquela tarde, enquanto as meninas ficaram no acampamento para o preparo da janta, fomos eu, Chiquinho, Pará, Dinis e o Max, de canoa, buscar as boias iscadas na outra margem da lagoa. Me lembro de o tempo ter esfriado e de ter me sentado na popa da embarcação com uma lata, usada para esvaziar um pouco da água infiltrada na canoa. Ao chegar à margem oposta, recolhemos as nossas boias com algumas traíras fisgadas. Me recordo também que, antes de voltar, encostamos a canoa na margem e começamos rememorar algumas de nossas aventuras juntos. Como estava muito frio, tomamos uns goles de vinho e compartilhamos uma barra de chocolate que alguém, generosamente, tinha levado. Lembro-me também que Max havia levado sua roupa e equipamentos de mergulho, mas não os usou devido à baixa temperatura da água.

Quando o Sol começou a se pôr, resolvemos retornar. Ventava muito e, em decorrência disso, havia a incidência de infindáveis marolas, que dificultavam bastante a nossa navegação. Estávamos mais ou menos na metade do caminho de volta quando fomos surpreendidos por uma marola lateral, despejando uma quantidade apreciável de água para dentro da canoa, a ponto de não dar conta de esgotá-la de volta com a lata que portava. Poucos segundos depois, agora com a canoa mais pesada, veio uma outra marola. No afã de fazer um contrapeso para a estabilidade da embarcação, a inclinamos demais em sentido contrário e, com isso, fomos engolidos de vez pela água, fazendo toda a embarcação afundar. Instantes depois, Max, com sua firmeza e liderança nata, nos verbalizou: "Muita calma nessa hora, gente. Estão vendo o nosso acampamento lá na margem? Pois bem, vamos nadando juntos com tranquilidade e, de tempos em tempos, farei uma chamada por vocês; um a um, ok?". Já estava escurecendo, e Max resolveu acender uma lanterna, que havia resgatado boiando após o naufrágio da canoa. Foi a nossa sorte, pois, ao avistar a luz intermitente da nossa lanterna, as meninas, que estavam no acampamento, acharam que estávamos brincando e, como resposta, piscavam o farol de um dos carros de volta para nós. Já era noite, e isso ajudou muito a nos guiar.

De minuto em minuto, conforme combinado, Max fazia a chamada nominal para se certificar de que estávamos todos juntos. De repente, veio a pergunta:

"Maurício?"

"Presente!"

"Dinis?"

"Presente!"

"Pará?"

"Presente!"

"Chiquinho? Chiquinho? CHIQUINHO?"

Aquela ausência de resposta nos apavorou. Pressentindo o pior, Max prontamente nos alertou: "Gente, mantenham a calma, estamos chegando. Vamos continuar nadando sem desespero. Vai dar tudo certo". Aqueles metros finais duraram uma eternidade. Eu não parava de pensar: "O que é que vou dizer para a mãe do Chiquinho? Como isso foi acontecer? Meu Deus, que tragédia". Quando chegamos na margem, já bastante cansados, fomos recebidos pela namorada do Dinis, que nos indagou o que tinha acontecido. Prontamente, Max respondeu que a canoa tinha afundado e que tínhamos perdido o Chiquinho. Nunca mais vou me esquecer dessa cena. Para nossa surpresa e espanto, ela nos respondeu: "Não, o Chiquinho está aqui, chegou há pouco e extremamente esgotado. Não quis falar com a gente e agora está na barraca chorando muito, parecendo estar em estado de choque". Naquele momento, fomos tomados por sentimentos diametralmente opostos. Primeiro, de muita alegria e alívio pela boa notícia de o Chiquinho estar vivo, são e salvo. Segundo, de muita raiva e indignação pelo seu comportamento e enorme susto que havia nos proporcionado. Naquela noite, não houve jantar nem fogueira. Nos recolhemos nas nossas respectivas barracas e fomos dormir. No dia seguinte, bem mais calmos, ainda tentamos avistar o local do ocorrido na esperança de recuperar algum material que, porventura, pudesse estar boiando. Não havia mais nenhum vestígio, nada. Sentimos, então, que não havia mais clima para continuarmos a nossa jornada e decidimos desmontar o acampamento. Lembro-me que coube a mim e ao Max irmos ao encontro do nativo, dono da canoa, para explicar o que tinha acontecido e, consequentemente, indenizá-lo.

Nos despedimos e voltamos para casa num clima de total melancolia, bem oposto ao que sentíamos no dia anterior. O comboio dos carros, na volta, foi o seguinte: primeiro Dinis e a namorada, seguido do Max e a namorada e, por fim, Chiquinho, Pará e eu. Partimos com o sentimento de termos aprendido mais uma lição da vida. Já na estrada, mais ou menos no meio do caminho, Chiquinho começou a sentir uma dormência no lado direito do seu corpo a ponto de não conseguir mais passar a marcha do carro e, consequentemente, dirigi-lo. Fizemos sinal para o carro do Max e paramos no acostamento. Dinis, como estava bem à frente de todos nós, não percebeu o ocorrido e seguiu viagem. Max, então, veio ao nosso encontro e, após analisarmos toda aquela situação, resolvemos levar Chiquinho para o hospital. A logística encontrada foi a seguinte: como Chiquinho era filho de militar, Max, junto com a namorada, o levaria ao Hospital das Forças Armadas em Brasília. Já eu e o Pará, como não tínhamos habilitação, ficaríamos no carro do Chiquinho, aguardando o retorno de Max no acostamento da rodovia. Foram mais de duas horas de espera. Quando finalmente voltaram, constatamos que Chiquinho já estava bem. O médico que o atendeu diagnosticou uma hipoglicemia, decorrente de uma tensão emocional muito forte que ele havia tido, relatou Max. Voltamos para casa aliviados, porém com esse fato marcado para sempre em nossa mente.

O pânico é uma emoção intensa, que pode nos mergulhar em uma tempestade de sentimentos negativos. Mas essas experiências desafiadoras também trazem oportunidades de aprendizado e superação. A firmeza e a liderança de Max destacam a importância de ter alguém confiável para nos guiar em momentos de dificuldades. Além disso, a união e a solidariedade entre amigos são fundamentais para enfrentarmos os desafios da vida. Mesmo que possa ser traumático, o pânico também pode servir como uma chance de crescimento pessoal. Essas situações vivenciadas nos ensinaram que é fundamental estar bem preparado, manter uma comunicação clara, valorizar a amizade e ter um plano para lidar com as adversidades. A metáfora da "pesca da vida" sugere que, assim como navegamos por águas incertas, a vida exige paciência, união e sabedoria para superarmos seus desafios com maior segurança e serenidade.

Contemplação

Em poucas palavras, contemplação é a observação atenta e admirada de algo ou alguém, envolvendo reflexão e encantamento. Trata-se de um momento de conexão com os pensamentos e emoções que emergem, sem julgamentos ou apego, permitindo maior clareza mental, paz interior e, por vezes, uma dimensão espiritual. É a capacidade de perceber, com atenção e admiração, as maravilhas ao nosso redor que, muitas vezes, passam despercebidas. Contemplar é se maravilhar com a imensidão do mar, a tranquilidade dos rios e lagos, a imponência das montanhas, a vitalidade das florestas e a beleza dos animais na natureza. Também pode incluir a apreciação de criações humanas, como obras de arte e arquitetura, que refletem a grandeza da criatividade. A contemplação nos convida a viver o presente e reconhecer a grandiosidade da vida nas pequenas e grandes coisas

Na segunda metade dos anos 1980, na Região dos Lagos, precisamente na Ilha dos Porcos, em Arraial do Cabo (RJ), eu, Bironga, meu irmão mais novo, Gordo, e sua namorada, Loira, decidimos, por sugestão do Pescador, pescar anchova naquele local. Ali, deu-se início à nossa jornada contemplativa. A anchova, também conhecida como enchova ou anchoveta, é um peixe pequeno e esguio. Com corpo alongado e escamas prateadas, possui uma boca grande e dentes pequenos. Geralmente mede entre 10 e 20 cm, mas pode atingir tamanhos maiores em algumas espécies. Vive em cardumes, próximos à superfície da água, em regiões costeiras e oceânicas. A anchova é um peixe fundamental na cadeia alimentar marinha, servindo de alimento para diversas aves marinhas, mamíferos marinhos e peixes maiores.

A ilha dos Porcos é um lugar mágico para quem busca contato com a natureza, aventura, beleza e um dia inesquecível. É um local paradisíaco e um dos pontos turísticos mais charmosos da região. Seu nome intrigante decorre do passado, quando a ilha era habitada por um grande grupo de porcos selvagens. Hoje, os porcos já não estão mais por lá, mas o nome permaneceu, e o local continua encantando visitantes. Juntamente com as ilhas do Farol (onde fica o Farol de Cabo Frio, um marco histórico da região) e dos Franceses, forma um triângulo com excelentes locais para a prática de mergulho. É avistada da praia dos Anjos e do Pontal do Atalaia, seguindo na direção das prainhas. A ilha dos Porcos oferece trilhas que levam a mirantes com vistas espetaculares da região, como a praia do Pontal do Atalaia e a Praia Grande.

A nossa aventura consistia em ir de barco até a parte interna da ilha, voltada para o continente, atravessá-la por uma trilha e pernoitar, pescando no seu lado externo voltado para o mar aberto, e então retornar na manhã seguinte. Partiríamos da praia dos Anjos, na companhia do pescador, que nos levaria e nos buscaria de barco. Teríamos também um guia que nos indicaria o caminho a trilhar na ilha, tanto na ida quanto na volta, como também o local ideal para se pescar, organizando as nossas ações e nos passando seus conhecimentos, garantindo, assim, a segurança, o nosso bom astral e motivação. Partimos conforme o planejado. Já no caminho de ida, ao entardecer, e cheio de expectativas, lembro-me de ter apreciado as águas cristalinas daquela região, com seus tons de azul-turquesa. Pensava o tempo todo em quanta vida marinha poderia haver sob aquelas águas. Ao desembarcarmos na ilha, combinamos com o pescador o horário da volta e nos despedimos. Recordo-me de ter admirado Arraial do Cabo avistado no horizonte, com suas praias de areia branca e fina nos convidando ao descanso e à contemplação. Iniciamos, então, juntamente com nosso guia, o caminho rumo ao outro lado da ilha. Tínhamos que chegar ao nosso destino ainda sob a luz do dia. Impossível não apreciar o caminho e nos sentirmos autênticos desbravadores; afinal, para nós, era algo inédito em nossa vida. A caminhada durou aproximadamente uma hora e meia e, apesar do cansaço por estarmos carregando mantimentos e equipamentos de pesca, nem sentimos o tempo passar dada a inusitada experiência. Chegamos ao nosso destino quando o sol já estava se pondo, num entardecer vislumbrante, com o céu azul, nuvens avermelhadas e alguns pássaros voltando para suas moradas. Por recomendação do guia, nosso ponto de pesca era uma encosta rochosa com algumas depressões que acomodavam confortavelmente o nosso corpo. Nos acomodamos e, em seguida, recebemos orientações dele de como iscar e arremessar a linha da melhor forma possível naquelas circunstâncias locais.

Um fato que nos chamou bastante a atenção foi o calor armazenado na citada encosta rochosa, decorrente da sua exposição aos raios solares durante todo o dia, e que nos serviu de agasalho durante a noite inteira, protegendo-nos de uma brisa oceânica incansável. Já era noite quando começamos a pescar. Aqui e acolá, ouviam-se manifestações do meu irmão mais velho, do mais novo e de sua namorada alegando ter havido alguma ação. Mas peixe, que é bom, nada. Passadas algumas horas sem nenhum pescado, confesso que já estava sendo tomado por um sentimento de tédio quando, de repente, surge na nossa frente, no horizonte do mar, uma bola de fogo. Era noite de lua cheia. Como sabemos, nessa fase a Lua está posicionada do lado oposto ao Sol, e por essa razão conseguimos visualizar por completo a sua face iluminada. Além daquele vislumbre avistado no céu, havia um rastro de sua luz refletido no mar, dando a impressão de que a água era feita de prata derretida. Aquele cenário mágico literalmente nos hipnotizou; deixamos de pescar por um bom tempo e ficamos contemplando e comentando aquela rara beleza que a natureza nos proporcionava. Diante da claridade que aquele luar nos trazia, pausamos para fazer um lanche. Já era madrugada quando voltamos a pescar.

Aquela noite realmente não foi do pescador. Amanhecemos o dia sem nenhuma espécie sequer.

Sempre que me lembro desse momento, quase relevo o fato de não termos capturado nenhum peixe, dado o esplendor que presenciamos encantados. A trilha de volta foi de pura reflexão sobre como a natureza nos proporciona, cotidianamente, coisas belas que, na maioria das vezes, nos passam despercebidas. Ao chegarmos ao ponto de partida, conforme o combinado, o pescador já estava nos aguardando. Voltamos para casa mais uma vez conscientes de que a pesca não se resume ao ato de fisgar um peixe; é também a oportunidade de vivenciar emoções e sentimentos e de realizar desejos. A aventura reside na superação dos desafios, na conquista de objetivos e no aprendizado trazido por cada obstáculo.

Aqueles momentos na ilha dos Porcos marcaram profundamente minha vida. A pesca sempre foi mais do que uma simples atividade para mim; um ritual, uma forma de conexão com a natureza e com o que realmente importa. Naquele dia, eu esperava capturar peixes, mas o que realmente fisguei foi algo muito maior: a beleza do inesperado e a magia de simplesmente estar presente.

Enquanto refletia sobre o calor das pedras, o brilho da lua cheia e a prata derretida do mar, entendi que, muitas vezes, a vida nos oferece experiências muito mais valiosas do que aquilo que buscamos. Não pescar nada naquela noite poderia ter sido frustrante, mas acabou sendo uma lição sobre o valor da contemplação, de como a vida nos oferece belezas que só percebemos quando desaceleramos e observamos com atenção.

Esse momento me ensinou que a verdadeira riqueza não está no que alcançamos, e sim no que vivenciamos. As trilhas que percorremos, os obstáculos que enfrentamos e as emoções que sentimos são o que realmente contam. A pesca é uma metáfora perfeita para a vida: às vezes, não conseguimos o que queremos, mas, se estivermos atentos, podemos encontrar algo ainda mais precioso.

Cada vez que volto a essa memória, sou lembrado de que a jornada é o que importa. Aquele dia na ilha dos Porcos reforçou em mim a ideia de que é na contemplação e na reflexão que encontramos o verdadeiro significado da vida. A "pesca da vida" é, afinal, sobre apreciar o caminho, reconhecer as lições em cada curva e valorizar os momentos que nos tiram o fôlego, mesmo que não sejam os que planejamos.

É na observação atenta da jornada que encontramos a verdadeira riqueza da vida. Essa experiência refletiu bem a essência do que é viver com propósito, na qual o ato de contemplar vai além de uma simples observação; é sobre estar presente, de corpo e alma, e absorver a profundidade dos momentos que a vida nos presenteia. A "pesca da vida" nos ensina a valorizar mais o processo e a jornada do que os resultados tangíveis.

Euforia

A euforia é como um turbilhão de felicidade que nos envolve, uma explosão de alegria e bem-estar que eleva o espírito a um estado de pura exaltação. É como se uma energia positiva tomasse conta do corpo, deixando a pessoa leve, quase como se flutuasse. Esse estado pode ser provocado por momentos marcantes, como uma conquista, uma surpresa agradável ou uma experiência sensorial intensa. Fisicamente, a euforia se manifesta com um coração acelerado, uma sensação de calor ou formigamento no corpo, e até uma leveza nos membros, como se fossem feitos de ar. Mentalmente, ela traz clareza, foco e uma percepção de que tudo é possível, gerando uma mistura de prazer, satisfação e vitalidade. Essa emoção costuma surgir acompanhada de um sorriso espontâneo e uma vontade quase irresistível de compartilhar a alegria com os outros. É como se, por alguns instantes, todas as preocupações desaparecessem, deixando apenas a sensação luminosa de estar completamente vivo.

Por diversas ocasiões, em pescarias, fui tomado por inteiro por esses sentimentos, quando da fisgada de um peixe. É uma descarga de adrenalina e alegria que percorre cada fibra do seu corpo. É o ápice da experiência: a recompensa por, às vezes, horas de espera, paciência e técnica.

Uma dessas vezes, lembro-me bem, fui pescar no rio Araguaia, em Luiz Alves (GO), dividindo o barco com meu amigo Macaco e com o nosso experiente piloteiro, Caçula. Antes de contar este "causo", me permitam apresentar meus parceiros desse dia. Caçula é um nativo morador da região, descendente de uma família de pescadores, irmão de Damião. Ganhava a vida como guia de pesca e, como tantos outros de sua geração e localidade, profundo conhecedor da área e exímio piloto.

Já Macaco, conheci nos anos 1980, numa recepção de casamento. Dizem que, com o passar dos anos, fazer amizade vai se tornando cada vez mais difícil e raro. Com ele, foi mágico, empatia instantânea, pois, nessa mesma noite em que fomos apresentados ao final da recepção, mal tínhamos nos conhecido e já estávamos combinando uma nova aventura. Tornou-se um irmão de vida, sempre animado para aventuras, finais de semana, futebol e, é claro, pescarias. Apesar de não ter paciência para pescar, sua presença era essencial para animar o grupo. Curioso e brincalhão, ele preferia iscar uma grande cabeça de piranha, evitando o esforço das fisgadas, enquanto esperava pelo "troféu" da temporada. Além de ser uma das melhores companhias para aquelas aventuras, ele era um grande degustador de cerveja, jogador de truco e torcedor do Vasco da Gama. Com o tempo, tornou-se analista de sistemas, casou-se por duas vezes, virou pai de quatro filhos lindos, avô da Bela e um exímio contador de histórias.

O rio Araguaia atravessa os estados de Goiás, Mato Grosso, Tocantins e Pará. Nasce nos altiplanos que dividem Goiás e Mato Grosso: a nascente do rio se encontra na serra do Caiapó, próximo ao Parque Nacional das Emas, no município de Mineiros, em Goiás. Já foi considerado um dos rios mais piscosos do mundo. Em 2013, foi sancionada a lei n. 17.985/13, denominada "Cota Zero", que estabelece tolerância zero para o transporte de peixes entre locais de pesca e proíbe a retirada de peixes dos locais delimitados para a pesca esportiva no estado. Passados anos, já podemos constatar o êxito dessa iniciativa na reposição do seu estoque pesqueiro.

Já era final de tarde de um dia ensolarado e sem nuvens no céu. Esse foi um daqueles dias em que, por algum fenômeno da natureza, não sabemos explicar com precisão, os peixes, como se costuma dizer, estavam bem manhosos e, em consequência disso, nos proporcionando poucas ações. Foi quando ocorreu o inesperado. Imagine a cena: a linha tensionada, o carretel zumbindo, a vara arqueada em um ângulo quase impossível. Sente-se a força bruta do peixe, a luta titânica travada entre a habilidade humana e a força da natureza. O coração dispara, a respiração fica ofegante e a adrenalina pulsa nas veias. Era a vara do Macaco. Ele havia profetizado esse fato inúmeras vezes, só que agora era pura verdade. Quando avistamos o seu troféu, a sensação de conquista, de ter vencido o desafio, de ter se conectado com a natureza de maneira tão intensa, foi simplesmente inexplicável. Naquele momento mágico, não parávamos de gritar de felicidade; digamos que, naquele instante, a euforia explodiu entre nós.

O nosso troféu era, nada mais nada menos, uma pirarara. Um peixe de couro que pode chegar a 60 kg e 1,5 m de comprimento, mas, no nosso caso, devia pesar uns 35 kg e medir uns 0,85 m. Sua coloração era cinza-escuro nas costas e branca na parte de baixo, assim como um tubarão. A cauda era avermelhada, semelhante à sua barbatana dorsal. Estamos falando de um peixe de hábitos noturnos, que se alimenta de praticamente tudo o que encontra no fundo dos rios. Junto com a onça-pintada e o jacaré, são os maiores predadores da piranha, o que, de certa forma, explica a façanha alcançada pelo Macaco. Após apreciarmos a nossa presa e tirarmos muitas fotos, seguimos as orientações do Caçula, como de costume, e devolvemos nosso troféu ao seu habitat, agradecendo à natureza por nos proporcionar esse momento tão singular.

Experimentei estados eufóricos recorrentes durante minha jornada de vida. Esses momentos, caracterizados por intensa felicidade, bem-estar e entusiasmo, sempre estiveram associados a diversas situações, como conquistas pessoais, experiências na natureza e interações sociais positivas. Lembro-me de momentos em que a alegria era tão intensa que parecia me elevar acima de tudo. Senti-me completo, em paz e conectado com o universo. Essas sensações de euforia, que permearam minha "pesca da vida", foram verdadeiros presentes que guardarei para sempre no meu coração. A euforia, para mim, é a prova de que a vida pode ser extraordinária.

No contexto da "pesca da vida", a euforia surge como uma metáfora para aqueles momentos de alegria intensa que aparecem de forma inesperada, tal como fisgar um peixe após um longo período de paciência. Essa sensação é comparável a um pico emocional, em que a surpresa e a adrenalina tomam conta, proporcionando um sentimento de triunfo que ilumina o presente. Esses instantes, embora breves, nos conectam profundamente ao momento, renovando nossa energia e nos enchendo de esperança e gratidão. A vida, assim como a pesca, exige dedicação, resiliência e paciência. E é justamente essa euforia que nos premia pelos desafios superados, oferecendo um combustível emocional que nos motiva a continuar em nossa jornada. Esses momentos marcantes são como troféus invisíveis que guardamos, lembrando-nos da beleza e da força bruta da natureza, bem como da capacidade de persistir mesmo quando tudo parece incerto.

A euforia não é apenas uma experiência passageira, e sim uma fonte de inspiração que carrega consigo o poder de transformar nossa perspectiva. Ela reforça o valor de vivermos cada momento com intensidade e nos incentiva a explorar as maravilhas que a vida e a pesca nos oferecem, com a promessa de que, eventualmente, novos picos de alegria nos aguardam se soubermos esperar e persistir.

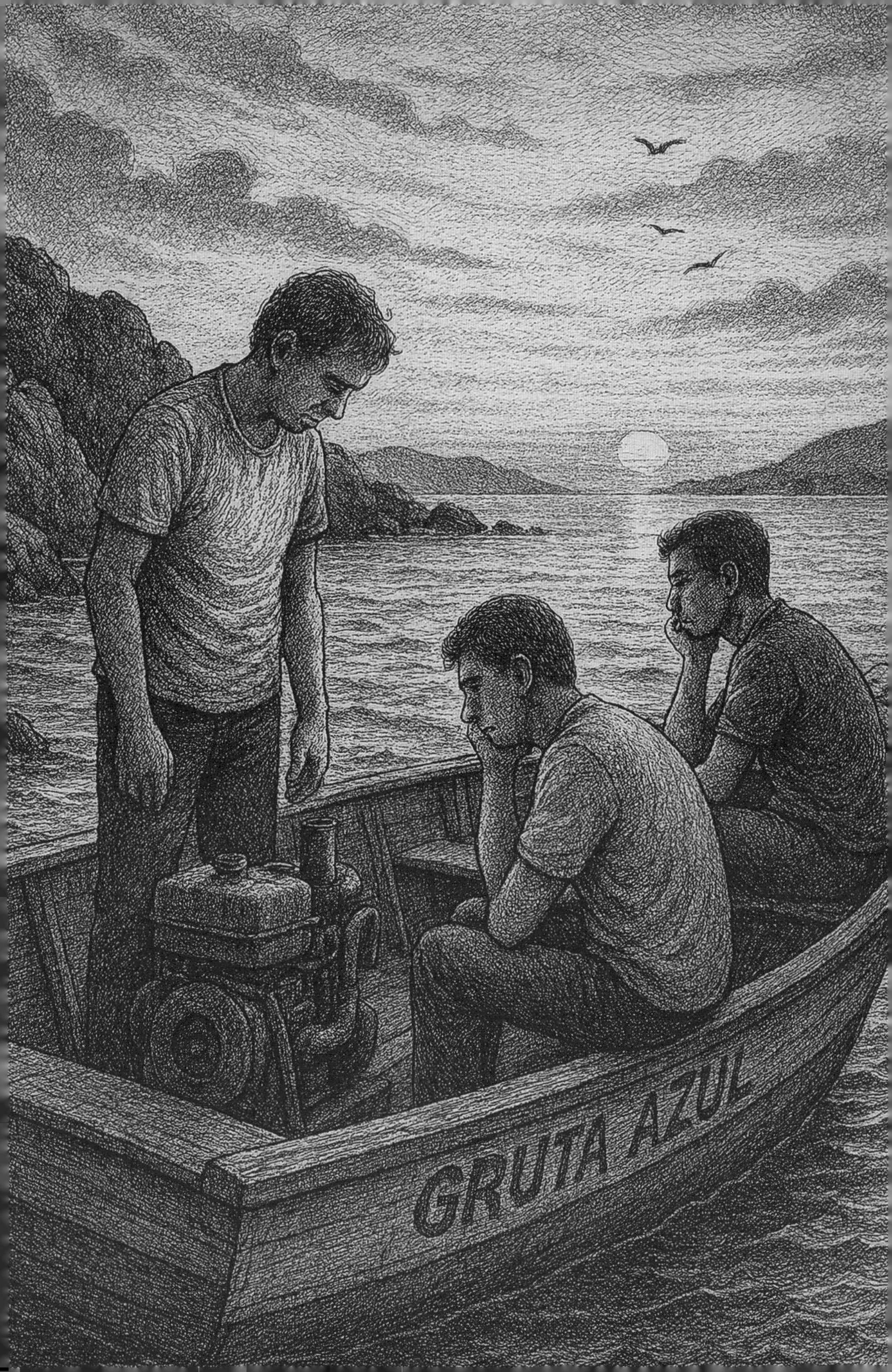
GRUTA AZUL

Frustração

Segundo a psicologia, a frustração é um estado emocional causado pela impossibilidade de satisfazer uma necessidade ou desejo. Ela surge quando nossas expectativas são quebradas e algo não acontece como planejado, gerando insatisfação e desconforto. Esse sentimento está relacionado à percepção de incapacidade diante de obstáculos que parecem difíceis de superar, impedindo-nos de atingir um objetivo. A frustração reflete o descompasso entre o que planejamos alcançar e o que realmente aconteceu, trazendo um senso de erro ou falha. Embora seja uma experiência desagradável, pode ser uma oportunidade para reflexão e crescimento. Ela nos desafia a repensar nossas expectativas, ajustar estratégias e desenvolver resiliência ao lidar com as adversidades. É, assim, uma parte inevitável do processo de amadurecimento e da busca por realização pessoal.

Boa parte dos verões dos anos 1980 foi vivenciada na Região dos Lagos, precisamente na praia do Foguete, entre Cabo Frio e Arraial do Cabo, no Rio de Janeiro, onde meu tio tinha uma casa.

Arraial do Cabo é um município brasileiro situado na Região dos Lagos do estado fluminense. Durante anos, pertenceu a Cabo Frio, sendo emancipado em 1985. Trata-se de uma cidade costeira, com altitude média de apenas 8 m. Como o seu nome indica, é realmente um cabo, uma grande faixa de terra que avança sobre o mar. As praias de águas transparentes e areia bastante branca tornam sua costa um lugar muito lindo. Segundo os mais viajados, é lá que estão algumas das praias mais belas do mundo.

Em uma de minhas férias, voltei a pescar com o meu irmão mais velho. No Natal daquele verão, tínhamos sido presenteados pelas nossas esposas com um kit de pescaria da Tramontina, que era composto de uma bolsa, vara, molinete, anzóis, chumbadas, linhas e boias. Nada mais estimulante para a prática de aventuras piscosas, não acham? Imaginem eu e o Bironga em férias no litoral com equipamento de pesca e aval das nossas esposas. Não deu outra, resolvemos pescar à noite, acompanhando um casal de velhinhos que costumava pescar na praia em que estávamos, a qual era denominada praia do Foguete. Me lembro bem que o casal era profissional: eles portavam mais equipamentos e tinham mais experiência e conhecimentos do que nós. Desnecessário relatar que foram mais bem-sucedidos na prática daquela pesca. Durante algumas horas, proseamos bastante e aprendemos algumas técnicas usadas na região. Por volta da meia-noite, eles encerraram os trabalhos e se despediram. Certamente empolgados com o momento, eu e Bironga decidimos continuar na empreitada e, sem nos darmos conta, amanhecemos o dia pescando. O produto da ousadia foi uma dúzia de Papa Terras, um peixe típico do litoral brasileiro, os quais foram saboreados por toda a família no almoço daquele dia. Me lembro bem que, na tarde seguinte, eu e Bironga fomos contemplar o mar, no ponto onde havíamos pescado. A praia do Foguete, pode-se dizer, é um lugar muito lindo, extenso, praticamente deserto, rodeado de um mar azul e cristalino, sem igual. Todo esse cenário nos inundava de um sentimento de liberdade e pertencimento àquele local paradisíaco. Naquela tarde, ao avistarmos no horizonte um barquinho pesqueiro, nos indagamos como seria legal se pudéssemos pescar embarcados. Me recordo de termos ficado ali por mais um tempo, quando, de repente, do nada, passou um sujeito caminhando — aparentemente um nativo —, a quem indagamos se naquela região existiam barcos de pesca para se alugar. O andarilho nos respondeu afirmativamente e nos orientou a procurar o pescador numa praia vizinha, chamada praia dos Anjos. Foi quando e onde tudo começou.

Na manhã seguinte, fomos à procura do pescador. Lembro-me, como se fosse ontem, de, ao chegar ao local indicado, nos depararmos com um profissional tecendo uma rede de pesca imensa, estendida sobre a areia. Ao indagar-lhe se conhecia alguém de nome "pescador", prontamente nos apontou uma pessoa manipulando um barco pesqueiro de motor central na beira daquela praia; viríamos a saber, posteriormente, que aquele não era o seu proprietário, apenas alguém que tomava conta. O pescador, como tantos outros da região, vivia da pesca, submetido a uma relação exploradora, junto com o proprietário do barco e os receptadores dos peixes pescados. Era um sujeito jovem, loiro, casado e com três filhos. As marcas na pele do seu rosto não escondiam as sucessivas exposições ao sol escaldante durante a prática de sua profissão. Imaginei também que cada ruga no seu rosto carregava várias histórias e lições para se contar. Não deu outra: alugamos o barco, pescamos juntos, proseamos bastante, e ali nascia uma grande amizade, que perdura até os dias de hoje.

Foram várias férias pescando, com alguns amigos e com meu filho Luma, à época com nove anos, e passeando junto com nossas famílias. Aprendemos muito com essa convivência. A impressão que tenho é que ele tinha o prazer de transmitir um pouco do seu conhecimento, como forma de retribuição ao nosso convívio, pois o aluguel do barco, para passeios e pescarias, lhe rendia mais e com menos esforço do que a sua profissão no dia a dia. Foi com ele que tivemos acesso a várias modalidades de pesca, como a do dourado, serra, badejo, espada, olho-de-boi, siri, mexilhão, lula, dentre outros. Um ponto que sempre nos chamava a atenção era o seu senso de responsabilidade e segurança. Várias vezes abortamos nossas saídas de madrugada por causa de um vento "assim" ou de uma maré "assada". Na volta de nossas pescarias, sempre fazíamos reuniões à noite, junto com os nossos familiares, quando degustávamos o produto da nossa aventura e recordávamos os melhores momentos. Os finais das temporadas eram sempre marcados por muita emoção na despedida, juntamente com uma sugestão recorrente dele para que comprássemos um barco, do qual ele tomaria conta, e assim não precisaríamos mais ter gastos com aluguel. Num desses retornos a Brasília, no início de 1993, o nosso grupo entendeu que era hora de ajudá-lo, investindo na compra de um barco pesqueiro, conforme ele sempre sugeria, pois, assim, ele se livraria da exploração a que era submetido, já que a única exigência nossa era a de que ele cuidasse do barco durante o ano e, nas férias, ficasse à nossa disposição. Fizemos até um Termo de Compromisso, entre os amigos, o qual acostei seu original no final deste capítulo. Decidido e acordado assim, ninguém melhor do que ele mesmo para prospectar o melhor custo-benefício dessa aquisição. Lembro-me bem de que a solução encontrada se chamava *Gruta Azul*, o barco em que ele costumava pescar, e que o seu proprietário, um português que explorava o pescador, pedia US$ 1.400,00 pelo barco. O nosso grupo era composto de sete amigos: eu, Macaco, Barroso, Garotinho, Educador, Caim e o Casado. Assim, coube a cada um de nós um investimento de US$ 200,00.

A questão agora era quando e como faríamos essa operação. Decidimos, então, na mesa de um bar, que executaríamos o plano na Semana Santa daquele ano e, por sorteio, eu e o Macaco iríamos concretizar o negócio *in loco* e pessoalmente. De carro, partimos de Brasília na madrugada de uma quarta-feira e, conforme planejado, fomos direto para Cabo Frio, nos revezando na direção. No início da noite, chegamos ao nosso destino. No outro dia, fomos ao encontro do pescador e, juntamente com o dono do barco, registramos a transferência de propriedade na Capitania dos Portos. Agora éramos proprietários de um barco de pesca, o *Gruta Azul*. Por se tratar de uma embarcação já bem usada, é fato que ela carecia de alguns retoques e melhorias, mas a nossa alegria era tanta que esse detalhe se tornou secundário na esperança de que, com o decorrer do tempo e com as receitas advindas da pesca, realizaríamos os seus devidos reparos. Nesse mesmo dia, à tarde, fomos comemorar o feito num bar da comunidade de pescadores da região, o qual nos chamou a atenção por um detalhe pitoresco: por se tratar de um estabelecimento voltado para os pescadores locais, não se cobrava o tira-gosto, mas tão somente a bebida consumida, pois os próprios pescadores é que abasteciam o bar, doando um pouco do seu pescado toda vez que chegavam da pesca. A partir daí, a notícia da nossa presença e do nosso propósito se espalhou na comunidade, e foram muitas as demonstrações de apreço e de agradecimento pelo que estávamos fazendo por um deles. Na Sexta-Feira Santa, pela manhã, fizemos, eu e Macaco, um passeio com o *Gruta Azul*, quando o pescador apontou certas melhorias necessárias na embarcação, como a troca de algumas madeiras no assoalho, mudança no sistema de escapamento e uma nova pintura no casco. Naquela noite, último dia da nossa jornada, fomos recepcionados com uma peixada feita pelos próprios pescadores da comunidade, que me marcou para sempre por vários fatores: primeiro, pelo fato de ser uma iniciativa coletiva da comunidade local, sensibilizados e reconhecendo o que estávamos fazendo por um deles; segundo, porque o clima de emoção envolvido naquele momento e local conferiu à peixada um sabor ímpar, que até hoje não consegui sentir em nada parecido; e, por último, mas não menos importante, é que foi ali, ouvindo a trilha musical selecionada também por eles, que conheci a música "Cidadão", composta por Lúcio Barbosa e interpretada por Renato Teixeira, que é uma crítica à desigualdade e ao distanciamento entre o trabalho e a dignidade humana, a qual sempre me recordo e me emociono quando a ouço.

No outro dia, Sábado de Aleluia, com a convicção da missão cumprida e de que tínhamos realizado um bem, fizemos a viagem de volta, nos mesmos moldes da ida, para que pudéssemos passar o Domingo de Páscoa com nossa família. Mas, nos meses que se sucederam, nos deparamos com uma realidade até então não prevista: o pescador nos solicitando ajuda financeira, alegando necessidade de reparos no *Gruta Azul*. Por duas ocasiões, apesar de estranharmos o pedido, nós o socorremos.

No verão seguinte, partimos para as nossas férias, cheios de expectativas, pois seria a primeira vez em que estaríamos pescando e passeando com o nosso próprio barco. Primeiramente, fizemos um passeio com a família: os sete sócios com as respectivas esposas. Naquele dia, o pescador estava inspirado e nos levou a vários pontos turísticos da região, inclusive a uma gruta com o mesmo nome do nosso barco. Posteriormente, também saímos para pescar, é claro. Estávamos eufóricos, era um dia perfeito para a nossa estreia pescando com o *Gruta Azul*. Mar calmo, pouco vento e um dia bastante ensolarado. Se me lembro bem, tivemos até muita ação, com alguns peixes embarcados. Mas a maior surpresa estava por vir. Estávamos ancorados perto das pedras que contornam o Boqueirão, na saída de Arraial do Cabo, quando, no final da tarde, na hora de voltarmos, sem maiores explicações, o motor do barco não pegou. Foram várias tentativas sem sucesso. Apesar da calma do pescador, confesso que me bateu um certo pânico, pois não avistávamos ninguém nas proximidades de onde estávamos. Eu olhava para o Macaco e o Macaco olhava para mim, como quem dizia: "E agora, irmão?". Eu ficava me indagando, silenciosamente: "E se escurecesse? Como passaríamos a noite ali? E os nossos familiares, como reagiriam?". Passaram-se algumas dezenas de minutos, que nas nossas mentes duraram uma eternidade, quando então, milagrosamente, apareceu outro barco pesqueiro, que, de pronto, nos socorreu e nos rebocou até a praia dos Anjos. Aquilo já era um prenúncio de que as coisas não aconteceriam conforme desejávamos.

Naquele verão, decepcionados e frustrados, não pescamos mais. Decidimos, então, ter uma conversa com o pescador, contextualizando tudo, procurando fazê-lo entender que caberia a ele administrar toda a situação, e que o barco era o seu ganha-pão, sua oportunidade de melhoria de vida. Ao longo daquele ano, justiça seja feita, o pescador não nos pediu mais ajuda, mas, também, as notícias que nos trazia não eram nada boas: o *Gruta Azul* tinha fundido o motor, estava inoperante e sem previsão de conserto. No verão seguinte, constatamos o triste desfecho: o barco estava encalhado na praia dos Anjos e sem motor.

Fomos tomados por um sentimento que não sei descrever com precisão: de um lado, falhamos na tentativa de ajudar uma pessoa querida por todos nós, e de outro, talvez não tenhamos tido a sensibilidade de perceber que ele não possuía o perfil e a estrutura adequada para administrar seu próprio negócio. Coincidência ou não, aquele foi o último verão que passamos juntos, eu e meus amigos, naquela região.

Após quase duas décadas, resolvemos voltar lá, eu, esposa, filhos e agora netos, para rever o palco de bons momentos vividos e tão marcantes em nossa vida. Chegando lá, nos deparamos com quanto o tempo tinha passado. A natureza continuava conferindo ao local um ambiente paradisíaco, mas o progresso havia chegado à praia do Foguete. Agora, as ruas estavam calçadas, pavimentadas e com muitas casas construídas.

Resolvemos, então, procurar o pescador. Iniciamos, eu e meu filho Luma, por onde tudo começou: na praia dos Anjos. Depois de várias tentativas em busca de seu paradeiro, foi num bar, no paiol do cais, que Luma obteve a indicação de seu endereço. Partimos ao seu encontro, percorrendo os becos de Arraial do Cabo, perguntando para algumas pessoas, até que o encontramos. O nosso reencontro foi cercado de muita emoção, ele chorou e nos abraçou. Chamou sua esposa e, ali, na sua casa, recordamos alguns dos nossos melhores momentos. O pescador agora tinha cabelos brancos, estava mais envelhecido, como todos nós, e nos contou, com muito orgulho, que dois de seus três filhos já tinham se formado, e o terceiro estava prestes a concluir o terceiro ano do ensino médio.

Depois de horas de prosa, relembrando nossas peripécias, não poderia ser diferente: marcamos uma nova pescaria, agora com Luma e seu filho Tuco. Como nos velhos tempos, pescamos e nos divertimos muito e, como de costume, nos reunimos à noite para compartilhar com nossa família aquele dia memorável, coroado com alguns peixes, é claro. Foi a última vez que vi o pescador, mas esse encontro nos trouxe a reflexão de que a amizade e o tempo não são oponentes, e que, se temos lembranças, é porque valeu a pena.

A jornada da "pesca da vida" com o pescador é um exemplo de como a frustração pode ser um trampolim para o aprendizado, o crescimento pessoal e a construção de laços de amizade mais fortes. Através da superação dos desafios e da reflexão crítica, podemos transformar experiências negativas em oportunidades para o desenvolvimento individual e social.

```
                    TERMO DE COMPROMISSO

    Os amigos abaixo relacionados, reunidos no estabelecimento
denominado " COCONUT " , situado no Parque da Cidade, decidiram
pela compra de um barco pesqueiro na cidade de Arraial do Cabo,
no Estado do Rio de Janeiro, e pelo estabelecimento de   regras
que regulamentem nossa parceria, em nome da convivencia,  amiza
de e uniao de todos.

    1- DO OBJETO

    Aquisicao de um barco pesqueiro, que ficara' sediado na ci
dade de Arraial do Cabo-RJ, sob responsabilidade e guarda do Se
nhor                       conhecido como   Pescador

    2- DOS PARCEIROS

    Sao denominados parceiros neste empreendimento os seguintes
senhores:
    - Mauricio Marques(MAURICAO)
    -            Macaco
    -            Casado
    -            Garotinho
    -            Barroso
    -            Caim
    -            Educador

    3- DA COMPRA

    O senhor   Pescador    ficara' encarregado de procurar um barco
com motor central, que esteja a venda , comunicando imediatamente
aos parceiros em Brasilia, sobre a oportunidade de negocio.
    O valor a ser pago sera' dividido igualmente entre os parcei-
ros relacionados no item 2 deste instrumento.
    Uma representacao dos parceiros se deslocara' para Arraial do
Cabo, para analise do negocio, e se for o caso conclui-lo, inclu-
sive efetivando o pagamento. Na oportunidade, esta representacao
providenciara' abertura de conta corrente em estabelecimento ban-
cario naquela cidade e definindo com o Sr. Pescador normas e pro
cedimentos para a utilizacao do barco , como tambem, os  percen-
tuais provenientes do negocio.

    4- DO BARCO

    O barco tera' seu nome e suas cores definidos em   reuniao a
ser marcada.

    5- DA MANUTENCAO

    Os custos realizados com a manutencao do barco serao  dividi
dos igualmente entre os parceiros.
    Os recursos serao obtidos da conta corrente criada em estabe
lecimento bancario da cidade de Arraial do Cabo-RJ.
    Caso os recursos disponiveis em conta corrente nao sejam su-
ficientes, a diferenca sera rateada entre os parceiros.
```

6- DAS DISPOSICOES GERAIS

Todos os parceiros estao acordados que nosso objetivo maior e' ajudar nosso companheiro Pescador e, dispormos do barco para nosso lazer quando de nossas ferias.

As quotas de participacao, em numero de sete, poderao ser utilizadas por cada parceiro da forma que convier. Cabe destacar que, caso a maioria dos parceiros opte por investimento na melhoria do barco ou na compra de outro em melhores condicoes, o valor existente (somatorio das quotas) sera' utilizado para tal fim.

Nossas mulheres, queridas por sinal, ate' pela necessidade de mantermos nossa uniao, estarao impossibilitadas ou melhor, proibidas de realizar qualquer manifestacao sobre a conducao e gerenciamento do negocio. A elas, estara' reservado tao somente o papel de usuaria, sem direito a reclamacoes.

E por estarem justos e acertados firmamos o presente documento em 07 (sete) vias.

Brasilia   de   marco de 1993

Mauricio Marques (MAURICAO)   Macaco

Garotinho   Casado

Caim   Barroso

Educador

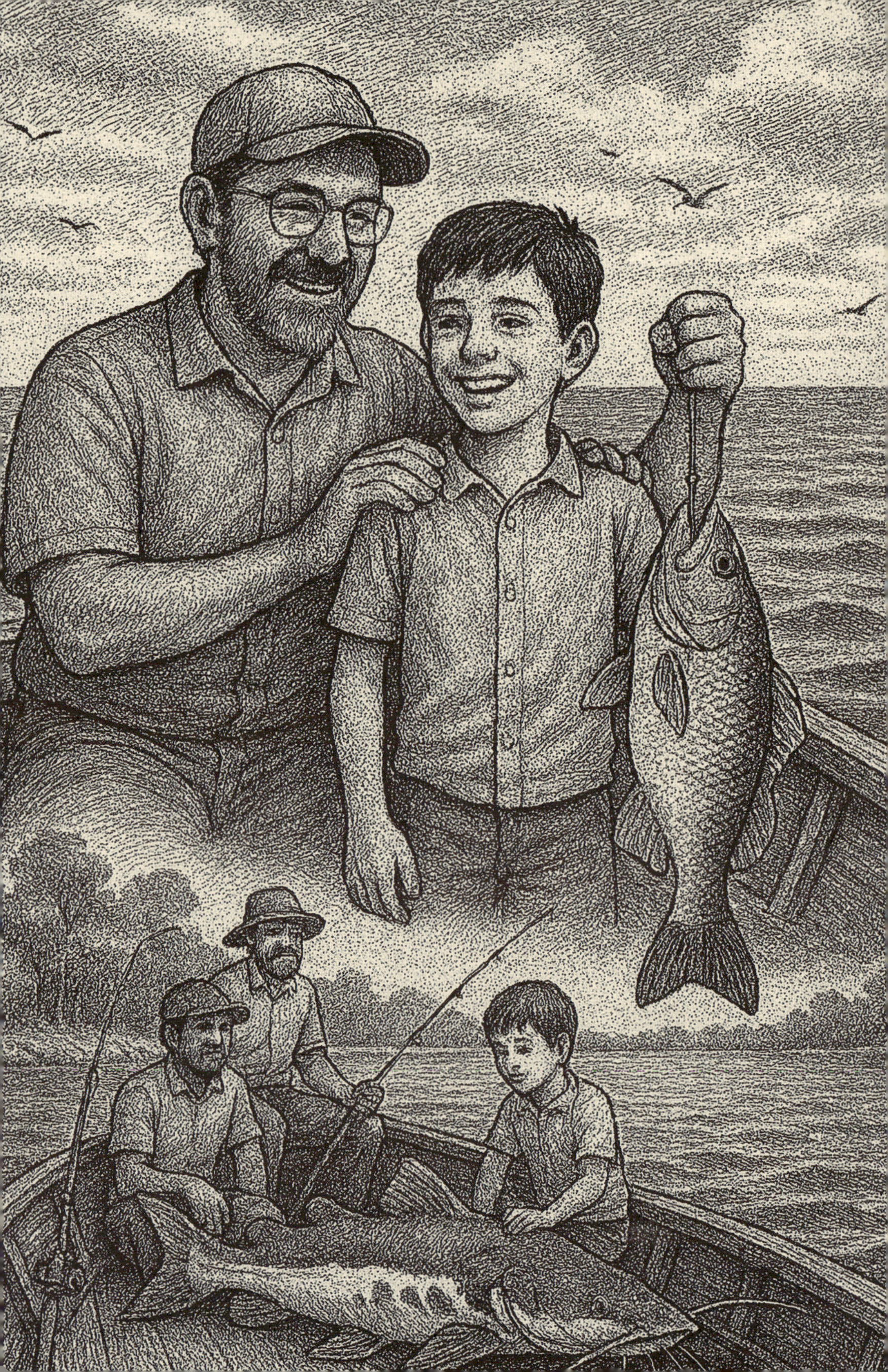

Alegria

A alegria é um estado de bem-estar que pode ser cultivado e traz inúmeros benefícios para nossa vida. É um sentimento de contentamento, júbilo e prazer de viver, frequentemente expressado por sorrisos. Buscar a alegria significa construir uma vida mais plena e feliz, aproveitando os momentos que trazem satisfação e exultação. Esse sentimento surge nos instantes mais especiais, como na realização de um objetivo, na conexão com um amigo ou na apreciação de algo belo. Quando sentimos alegria, nosso corpo responde de forma positiva: a liberação de endorfina, o hormônio da felicidade, promove sensações de bem-estar, reduzindo o estresse e a ansiedade, e beneficiando tanto a saúde física quanto mental. Mais do que um destino, a alegria é uma jornada. Ela pode ser encontrada em gestos simples, como um abraço, um momento de contemplação ou até na paz interior. Cultivá-la é essencial para uma vida mais saudável e equilibrada.

Como pai, sempre quis proporcionar e compartilhar momentos de alegria com meus filhos Luma e Reco. Algumas dessas ocasiões foi pescando com eles, quando ainda eram pequenos. O que me deixa muito feliz hoje em dia é que, passados tantos anos, eles ainda se recordam desses momentos, com riqueza de detalhes e bastante alegria. Damos muitas gargalhadas ao ouvir as impressões e lembranças que ficaram em suas mentes. De alguma forma, essas experiências, além de terem proporcionado momentos de diversão em família, marcaram suas formações, moldando seus valores e princípios, como o respeito à natureza, a paciência, a disciplina, o espírito esportivo e de equipe, a conexão com a tradição, referências de convívio social e o fortalecimento de laços afetivos.

Como a diferença de idade entre os meus filhos é de seis anos, vou relatar aventuras distintas, vivenciadas com eles nos anos 1990.

Luma é meu primogênito, servidor público, mestre em educação física, casado, pai dos meus primeiros netos: Tuco e Neca; flamenguista, adora a natureza, cultua o esporte de uma maneira geral. Possuidor de um sorriso lindo e constante, mostra ao mundo como ama a vida. Se o seu apelido não fosse Luma, seria "Alegria". Com ele, está tudo sempre bem. No verão de 1992, quando ele tinha nove anos, resolvi levá-lo para pescar em Arraial do Cabo, com a devida permissão da minha esposa Morena, é claro. Lembro-me de estarmos juntos nessa: eu, Luma, Macaco, Barroso, Fotógrafo e o pescador, pilotando o barco. O planejado era pescar o dourado em alto-mar.

O dourado-do-mar é conhecido por sua beleza e características únicas. É um peixe bastante peculiar, tanto pela forma do corpo quanto pelo seu colorido. Alongado e comprimido, tem uma longa nadadeira dorsal que se estende da cabeça à cauda, distinguindo-o de outras espécies. Suas cores vibrantes variam entre dourado, azul e verde, podendo mudar de acordo com a idade e o sexo. O macho se diferencia pela testa saliente. Ele pode chegar a ter até 2 m de comprimento e pesar 40 kg. Habita águas quentes e claras, próximo à superfície, alimentando-se de outros peixes e lulas. O dourado-do-mar é um peixe apreciado tanto pela pesca esportiva quanto pela culinária, sendo considerado uma iguaria em muitos países. Sua carne é firme e saborosa, com um sabor levemente adocicado.

A pesca do dourado-do-mar na região é feita em alto-mar, numa tal de "água azul", que eu nunca entendi direito o seu significado, e consiste em navegar em círculos, corricando com a linhada na mão, com dedais de proteção e isca de lula. Corricar é um modo de pescaria de anzol em que o pescador, com o barco em movimento, deixa a linha longa à tona da água, a fim de que o peixe seja atraído pelos saltos da isca. Quando o peixe fisga, o piloteiro põe o barco em ponto-morto enquanto se duela com o peixe até trazê-lo, ainda vivo, para dentro da embarcação.

Saímos de madrugada, partindo da praia dos Anjos. Lembro-me de ficar impressionado com a disposição e motivação do Luma no meio daqueles adultos aventureiros. Ele fez questão de lembrar que, antes de embarcarmos, havia feito xixi comigo no píer do cais do porto de Arraial. Incrível como pequenos detalhes marcam e permanecem na nossa memória. No caminho da tal "água azul", quando o dia ainda estava clareando, tivemos o privilégio de ser escoltados por dezenas de golfinhos, deixando-nos atônitos diante daquele cenário de tanta beleza. É como se eles estivessem nos dando as boas-vindas. Quando atingimos nosso destino, o pescador nos orientou a começar a corricar. O dia estava lindo, um céu de brigadeiro e bastante ensolarado. Lembro-me de ter colocado boné no Luma e empapuçado o garoto de filtro solar. O pai pescador também tem juízo, gente. Naquela manhã, pescamos três dourados-do-mar grandes, sendo dois de uma forma inusitada. Em determinado momento do corrico, a minha linha se enrolou com a do Barroso e, ao puxarmos para desenrolá-las, fisgamos dois peixes simultaneamente. Até hoje nos indagamos quem fisgou quem. O terceiro troféu coube ao Macaco. Uma cena que não esqueço nunca: os olhos arregalados do meu filho diante desses fatos, pois os peixes tinham cerca de 1 m de comprimento.

Satisfeitos com o resultado do dia, resolvemos retornar. No caminho de volta, o pescador, como sempre, resolveu compartilhar um pouco mais de seus conhecimentos, nos levando para uma encosta, a fim de nos ensinar a colher mexilhões. Essa prática consistia em mergulhar e, com uma foice, raspar a superfície da encosta submersa, acondicionando-os num saco permeável. Para tanto, tínhamos todos, menos o Luma, é claro, de sair do barco a fim de executar a tarefa em conjunto. Lembro-me de ter montado uma vara com linha iscada e ter deixado na mão do meu filho para que ele se distraísse enquanto mergulhávamos. Ao final, o resultado foi um grande saco abarrotado de mexilhões. Quando voltamos ao barco, o Luma me dizia: "Pai, um peixe mordeu minha linha e quase me levou para o fundo do mar". Até hoje não sei se foi uma fantasia dele ou se aquilo aconteceu de verdade.

Voltamos para casa com o sentimento de missão cumprida. À noite, como sempre fazíamos, reunimos a família de todos os envolvidos nessa aventura, inclusive a do pescador, e, sob uma linda lua cheia, pudemos contar as nossas histórias, saboreando um delicioso dourado-do-mar assado, regado a mexilhões cozidos. Tenho esse fato registrado em DVD e, sempre que o assisto, me emociono de alegria ao ver a imagem do meu pai, junto com minha mãe querida, questionando se os "causos" ouvidos eram verdadeiros ou histórias de pescador.

Reco é meu eterno caçula. Cineasta, casado, é pai do meu mais recente neto, o Santi. Além disso, ele é flamenguista, tenista, estiloso, é a veia artística da família. Muito afetivo e sensível, possui um talento ímpar que me dá muito orgulho. Não há quem não se encante logo com ele pela sua gentileza e simpatia. Sua primeira pescaria foi em 1997, quando tinha oito anos, no rio Araguaia, na cidade de Luiz Alves (GO). Conforme será relatado no capítulo "Tensão", naquela época era comum a formação de um grupo grande, cerca de quarenta amigos, para ir pescar na região. Lembro-me de estar nessa pescaria eu, Reco, Macaco, Barroso, Chico e seu filho Gui, Juiz, Caim e, como sempre, o Caçula pilotando o nosso barco. O rio Araguaia é muito rico em peixes, apresentando uma grande diversidade de espécies; mas era o mês de setembro, período de seca, e o nosso anseio era a captura do chamado "Rei do rio", o famoso dourado. Lembro-me também que era realizada uma espécie de campeonato entre os pescadores do grupo e, como incentivo, quem capturasse a maior espécie durante os três dias de pesca ganhava um troféu. Assim, comprei equipamento zerado para o Reco e treinamos antecipadamente no lago Paranoá, em Brasília. A excursão partia de um ponto central da capital federal, de ônibus, numa viagem de aproximadamente nove horas.

O dourado, diferente do dourado-do-mar, é um peixe de água doce, conhecido por sua força e beleza. Considerado o "Rei dos rios", habita águas rápidas e turbulentas, como corredeiras e cachoeiras. Sua dieta varia ao longo da vida, indo de insetos a peixes maiores. É um predador ágil e poderoso, famoso por seus saltos e lutas durante a pesca. Sua coloração dourada e porte imponente o tornam um dos peixes mais admirados pelos pescadores. Quando adulto, pode chegar a 1 m de comprimento e pesar 25 kg. Além de ser um desafio esportivo, o dourado também é apreciado na culinária por seu sabor marcante e textura firme.

Logo no primeiro dia, saímos cedo no mesmo barco, eu, Reco e Gui, sendo guiados, como sempre, pelo nosso velho e conhecido Caçula. O Caçula é mais que um piloteiro, é um guia de pesca. É aquele profissional detentor de conhecimentos e técnicas de pesca da região. Sem a presença dele, dificilmente atingiríamos nossos objetivos. Conforme o esperado, Caçula nos guiou logo a um ponto de prováveis ações. Apoitamos o barco, arremessamos nossas linhas e ficamos à espera. Não se passaram cinco minutos e aconteceu o inusitado: o estreante Reco havia fisgado um pirarara, também conhecido como a "Rainha dos rios". Para se ter uma ideia, a força bruta desse gigante das águas é capaz de abalar a embarcação e cortar linhas com facilidade, proporcionando uma adrenalina única. O peixe se debatia com força bruta, desafiando a força do pequeno pescador. A água borbulhava, a linha estava esticada ao máximo e a vara se curvava sob a pressão. Confesso que fiquei inerte de tanta perplexidade nesse momento. O Caçula, então, com sua experiência, e percebendo que Reco não sustentaria aquele duelo, assumiu o controle da vara. Uma luta épica se travou, homem *versus* natureza, em um embate de força e técnica. A emoção foi intensa, uma mistura de medo e adrenalina que culminou no momento glorioso em que o pirarara emergiu, majestosa, para ser admirada e, finalmente, contemplada como troféu da batalha. Esse momento foi celebrado como um feito épico, marcando para sempre a nossa memória. Aquele pirarara, além de um troféu, representou a natureza em sua forma mais selvagem e poderosa.

Naquela época, era permitido trazer peixe para casa, desde que atendidas as medidas mínimas para cada espécie. No nosso caso, o troféu tinha cerca de 1,10 m, e a sua medida mínima permitida para captura era de 70 cm. De noite, com todos reunidos na pousada, não se falava em outra coisa. Aquela pescaria ainda nos rendeu muitas alegrias, como a captura de algumas outras espécies de peixes, além de termos avistado botos, tuiuiús, tartarugas e jacarés. A viagem de volta no ônibus foi coroada pela premiação do Reco como vencedor do campeonato, quando, a partir de então, passou a ser chamado carinhosamente pelos colegas de o "Pequeno Pescador".

Hoje, quando converso com os meus filhos sobre esses momentos, enxergo com maior clareza a importância que tais experiências, vivenciadas em conjunto, nos conferiram: oportunidades de uma maior aproximação, a partir do convívio num ambiente com adultos, sem a presença da mãe e bem diferente do cotidiano. Tenho certeza de que essas aventuras nos trouxeram uma maior conexão com a natureza, proporcionando experiências enriquecedoras, despertando a gratidão pelo planeta e trazendo com isso o respeito e a responsabilidade na sua preservação.

A alegria, no contexto da "pesca da vida", é como a sensação de ter fisgado um peixe especial, um momento único e inesquecível. É a conquista de um objetivo, o prazer da jornada, a felicidade de compartilhar momentos com pessoas queridas. É a sensação de estar conectado à natureza, de sentir a força e a beleza do mundo ao redor, de apreciar a vida em sua plenitude. A alegria é o sorriso que surge ao contemplar a natureza, a amizade, a família e o fruto do esforço e da perseverança. É o sentimento que nos impulsiona a seguir em frente, a buscar novas aventuras e a celebrar a vida em cada momento. É a certeza de que a "pesca da vida", apesar de seus desafios, vale a pena ser vivida com entusiasmo e gratidão. Em suma, a alegria é o peixe que buscamos pescar todos os dias, e a vida é o oceano infinito de possibilidades.

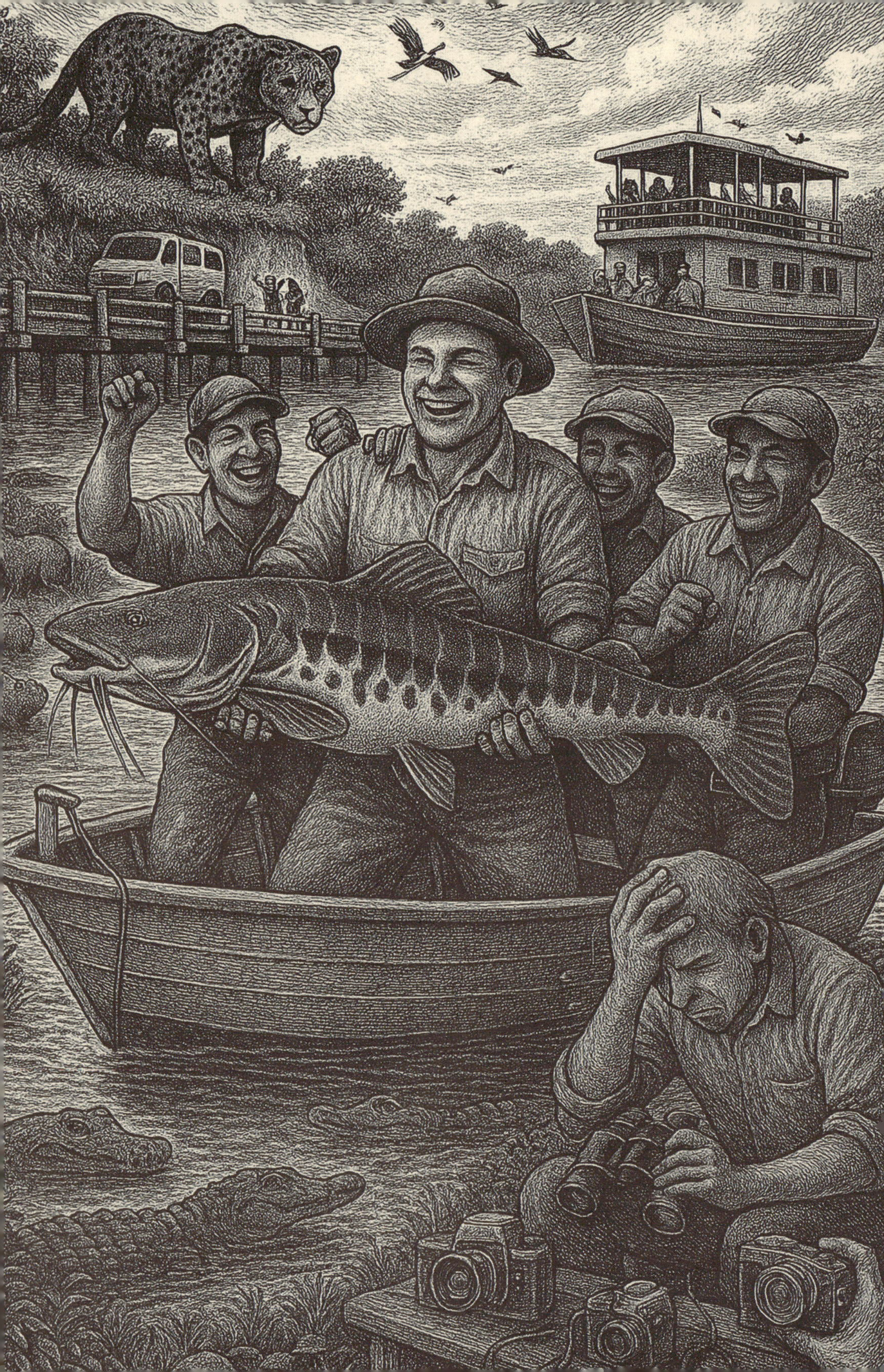

Precipitação

A precipitação é um ato impulsivo, feito sem a devida reflexão sobre as opções ou consequências. Ao agir de forma rápida, sem pensar, a pessoa pode "pular de cabeça" em uma situação, o que muitas vezes leva a resultados negativos. A sensação de arrependimento costuma surgir após decisões precipitadas. Refletir antes de agir é fundamental para tomar decisões mais conscientes e evitar complicações no futuro. No entanto, nem toda decisão rápida é precipitada; em emergências, agir com rapidez é necessário. A precipitação geralmente está ligada à impulsividade ou à falta de controle emocional. Para evitar decisões apressadas, é importante aprender a avaliar as circunstâncias e considerar as possíveis consequências, garantindo escolhas mais acertadas e equilibradas.

Os anos 1980 foram marcados pelas pescas na Região dos Lagos, no Rio de Janeiro, e os anos 1990, pelas pescas no rio Araguaia, em Goiás. Mas foi em 1999, precisamente no mês de agosto, que resolvemos conhecer o Pantanal mato-grossense. Fechamos um pacote de pescaria com um barco-hotel, onde ficaríamos quatro dias navegando, com a partida e chegada numa comunidade chamada de Porto Jofre (MT).

Porto Jofre é uma localidade no município de Poconé, onde termina a estrada Transpantaneira. É banhada pelo rio Cuiabá e os outros principais rios da região: Piquiri, São Lourenço, Negrinho, Três Irmãos e Paraguai. Poconé situa-se a 100 km de Cuiabá. De lá ao Porto Jofre são 140 km de estrada de terra e aproximadamente 120 pontes, algumas de madeira e outras já de concreto.

Essa pescaria foi muito esperada pelo nosso grupo, pois, devido aos custos envolvidos, nos planejamos com cerca de dez meses de antecedência. A logística era a seguinte: voaríamos de Brasília até Cuiabá, onde pernoitaríamos, e no dia seguinte iríamos de van até Porto Jofre, onde partiríamos no barco-hotel e, durante quatro dias, navegaríamos pelos rios da região, pescando. O retorno da expedição seria pelo próprio Porto Jofre, percorrendo o mesmo trajeto da ida. Aquela região é contemplada com uma fauna e flora riquíssimas. Percorrer a Transpantaneira, com suas 120 pontes, é fazer um safári pelo Pantanal. Ali, há reais possibilidades de cruzarmos com onças-pardas, tuiuiús em seus ninhos gigantes, jaguatiricas, araras-azuis, garças, cobras, jacarés, búfalos, diversos pássaros e uma paisagem incrível. É também o lugar ideal para a observação da onça-pintada. Localizada no final da estrada Transpantaneira, no quilômetro 147, Porto Jofre está na divisa dos estados de Mato Grosso e Mato Grosso do Sul.

A viagem, já na saída de Brasília, foi uma festa. A emoção incontida de encontrar cada um que chegava no saguão do aeroporto era de muita alegria e ansiedade. Era a primeira vez que eu viajava de avião, com um grupo de pesca, e ainda não conhecia o Pantanal mato-grossense. O grupo era composto de vinte pescadores. Lembro-me de que o avião era da VASP e de estarmos juntos eu, Teo, acompanhado do seu pai e do seu irmão, Juiz, Macaco, Caim, seu cunhado Golias e um amigo de São Paulo, o Pido. Caim, mais do que um amigo, é um irmão que ganhei nessa vida. Formado em análise de sistemas, casou-se duas vezes, é pai de duas filhas e tem duas netas lindas. Além disso, é botafoguense, fã da banda de rock Queen, adora fotografia, aficionado pela Ferrari e grande pescador. Atualmente prefere ver o mundo sobre duas rodas. Ele é daquele tipo de irmão 24 x 7, entende? Está sempre à disposição para nos ajudar e, entre todos os meus amigos, nunca se esquece da data de aniversário dos companheiros. É a constatação viva de alguém que realmente valoriza as conexões humanas. É incrível ter alguém assim ao nosso lado, não só nos bons momentos, mas especialmente naqueles em que precisamos de apoio.

Ao chegar em Cuiabá, no final da tarde, e já no hotel onde pernoitaríamos, nos encontramos com uma turma de pesca que tinha acabado de voltar da mesma excursão que faríamos. As notícias que nos traziam eram bastante alvissareiras, com muita ação, muito peixe e muito visual. Tudo parecia perfeito, não fosse a previsão da chegada de uma frente fria na região onde passaríamos os próximos dias. Para nós, isso parecia improvável, pois fazia muito calor em Cuiabá. Deixamos as coisas no hotel e fomos tomar uma cerveja para organizarmos nossa saída na manhã seguinte: muita conversa boa e todos tomados de expectativas para a expedição ao Pantanal.

No dia seguinte, começamos a aventura para valer. Me recordo que o irmão do Teo e seu pai, por serem mais aquinhoados, foram de avião para Porto Jofre, enquanto o restante do grupo seguiu numa van. Partimos logo cedo, e cheios de expectativas do que encontraríamos pela frente. Os primeiros 100 km foram tranquilos, em uma rodovia pavimentada, mas foi a partir de Poconé, em 140 km da Transpantaneira, até Porto Jofre, que tivemos a clareza da beleza do Pantanal. Foram incontáveis as observações da sua fauna e flora: muito jacaré, capivara e tuiuiú. Lembro-me também que o nosso motorista corria muito, e que foi Caim que tomou a iniciativa de chamar a sua atenção em nome do grupo. Não me recordo exatamente dos termos usados por ele, mas isso me marcou muito, pois, apesar de estarmos todos preocupados com a segurança da viagem, foi ele quem verbalizou algo que assolava todos nós. Foi algo como: "Ei, vai devagar, porque não temos pressa alguma, estamos querendo ir e vir com segurança. Pretendemos apreciar ao máximo esse momento e desejamos tomar a nossa cerveja sem derramar". Depois disso, todos que estavam dentro da van ficaram mais confortáveis e relaxados. Outro ponto da viagem que nos impressionou muito foi a travessia das inúmeras pontes de madeira da Transpantaneira, onde sempre nos indagávamos:

"Será que vai dar?", mas, entre todas, uma ficou inesquecível. Conhecida como "Tobogã", a ponte de madeira recebeu esse nome por ter tido recalques diferenciados entre os seus pilares e, com isso, formado ondulações expressivas ao longo de seu tablado. Em muitas delas, descíamos do carro por dois motivos: primeiro, para apreciarmos a natureza e a fauna, com muitos jacarés embaixo da ponte; e, segundo, pelo medo de que ela não suportasse o peso da van e despencasse. Haja coração para tanta aventura.

Chegamos a Porto Jofre no final da tarde e o nosso barco-hotel já nos aguardava. Me recordo de que, ao embarcar, a temperatura tinha baixado bem. O barco-hotel contava com quartos com banheiro privativo para cada dois pescadores, um restaurante que ficava disponível 24 horas por dia, um bar com uma variedade enorme de bebidas, cozinha, uma câmara frigorífica para armazenamento dos pescados e um *solarium* situado no seu terceiro andar, onde seria o nosso palco de contemplação do céu estrelado em todas as noites. Ele também tinha um sistema de radiocomunicação por meio do qual poderíamos falar com as nossas famílias diariamente.

Navegamos a noite toda. Quando amanheceu o dia, percebemos que o tempo tinha mudado completamente e, o pior, não tínhamos nos preparado para aquele frio. Partimos para a nossa aventura mesmo naquelas condições, e para surpresa de todos nós, o clima local ainda não tinha afetado o comportamento dos peixes. Tivemos muita fartura naquele dia, capturamos dezenas de cacharas e pintados. Também foi a primeira vez que vi uma carretilha; Teo e sua família eram os únicos a portarem esse tipo de equipamento. O resto do grupo ia de molinete. Por uma feliz coincidência, era dia de aniversário do Caim e, além de muita comemoração do grupo, ele foi presenteado com a captura do maior troféu da sua vida e da pescaria: um pintado de 1,35 m de comprimento e cerca de 85 kg. Podem acreditar, temos fotos e testemunhas para comprovar esse feito, pois o Caim estava com o Macaco e o seu piloteiro no barco.

O pintado e o cachara são duas espécies de peixes de água doce que habitam os rios brasileiros, preferindo as águas mais frias e bem oxigenadas, como as encontradas em corredeiras, poços e remansos. Ambos são peixes de grande porte, com corpo alongado e robusto, cabeça achatada e três pares de barbatanas sensoriais próximas à boca. O pintado tem manchas redondas pretas e o cachara possui desenhos pretos com várias formas, desde círculos até pintas, passando por riscos de formas variadas. Ambos possuem dorso branco. No entanto, o tamanho os diferencia quando adultos, pois o pintado pode chegar a 2 m de comprimento e 100 kg, enquanto o cachara pode atingir até 1,2 m de comprimento e 20 kg.

Confesso que devo ter sido a pessoa que menos pegou peixe naquele primeiro dia, certamente por inexperiência das técnicas usadas para aqueles tipos de peixes. A pesca do pintado e do cachara exige tempo e persistência, não há espaço para precipitações. Quando se sente a linha puxando, devemos esperar alguns segundos para confirmar a sua mordida e, aí sim, dar um golpe firme e rápido com a vara, para fisgá-lo. Foram várias vezes que me precipitei e não esperei o tempo certo da fisgada. Em outras ocasiões, também estourei a minha linha, perdendo o troféu, por não calibrar corretamente a fricção do carretel do molinete e, assim, não conseguir controlar a força do peixe. No segundo dia, já mais escolado, me precipitei menos e pesquei mais. Na escola da vida, tudo é aprendizado.

A queda de temperatura, decorrente da frente fria, afetou o comportamento dos peixes no terceiro e quarto dias de pesca, quando o número de ações e capturas caíram substancialmente. Decidimos, então, passear mais e pescar menos. Nunca vi tanto jacaré e capivara convivendo harmoniosamente, lado a lado, como se fossem casais. Me lembro de que numa determinada tarde estávamos eu e o Macaco passeando, e ele resolveu fazer uma contagem cronometrada desses casais com o barco em movimento. Foram 59 duplas contabilizadas em apenas um minuto. O Pantanal é de uma riqueza e beleza animal inacreditáveis. Outro momento marcante dessa pescaria foi no seu último dia. Estávamos navegando de barco e contemplando a paisagem da região quando, de repente, numa curva de rio, e deitada num barranco, avistamos uma onça-pintada adulta nos observando atentamente. Ver uma onça-pintada, naquelas condições, foi uma experiência que inspirou assombro e respeito, misturado com uma pitada de medo saudável. A beleza e a força selvagem do animal te prendem, te fazendo admirar a perfeição da natureza. Me lembro de ter ficado muito nervoso ao ver aquela fera tão de perto. Algo que só tinha experimentado em jardins zoológicos. Não pensei duas vezes, me levantei do barco e saí tirando várias fotos daquele cenário deslumbrante, sem pensar e com o barco em movimento. A adrenalina foi tanta, que só fui me aperceber que não tinha puxado o *zoom* da máquina fotográfica a uns 100 m rio abaixo. Reconhecendo a minha precipitação, pedi ao piloteiro que retornasse ao local para que eu pudesse fazer melhores fotos. Até o barco fazer a manobra e retornar ao local, já era tarde, a onça-pintada não quis esperar. As imagens com o *zoom* ideal ficaram apenas na nossa memória. Ter a oportunidade de observar um animal tão raro e majestoso, como aquela onça-pintada, foi um privilégio; além da lembrança da potência e da fragilidade da vida selvagem, é uma experiência que você nunca esquece.

    Conforme previsto, chegamos de volta a Porto Jofre impactados com aqueles quatro dias imersos na natureza. Outra singularidade da expedição foi o seu senso democrático na divisão dos pescados, e confesso que isso não era o mais importante. O mais importante foram aqueles quatro dias de convivência com velhos e novos amigos, em que a maior preocupação eram os "causos" contados no solário no final de cada dia. Naquela época, a legislação local de pesca amadora permitia trazer 20 kg de peixe, além de uma espécie adicional, para cada pescador. Os peixes eram então distribuídos aleatoriamente em caixas de isopor pela tripulação do barco e, após lacradas, recebiam um número que era objeto de um sorteio entre os integrantes do grupo, ainda no barco-hotel.

Fizemos o caminho de volta na van, felizes, cheios de histórias para contar e com uma curiosidade que só saberíamos quando chegássemos em nossas casas: com quem teria ficado o troféu de Caim? Até hoje eu não sei.

Essa viagem ao Pantanal foi uma verdadeira alegoria da "pesca da vida", em que a pesca representou os desafios enfrentados as relações construídas e os aprendizados adquiridos ao longo da nossa jornada. É uma história que nos inspira a buscar o equilíbrio entre a ação e a reflexão, a aventura e a paz, a conquista e a aceitação.

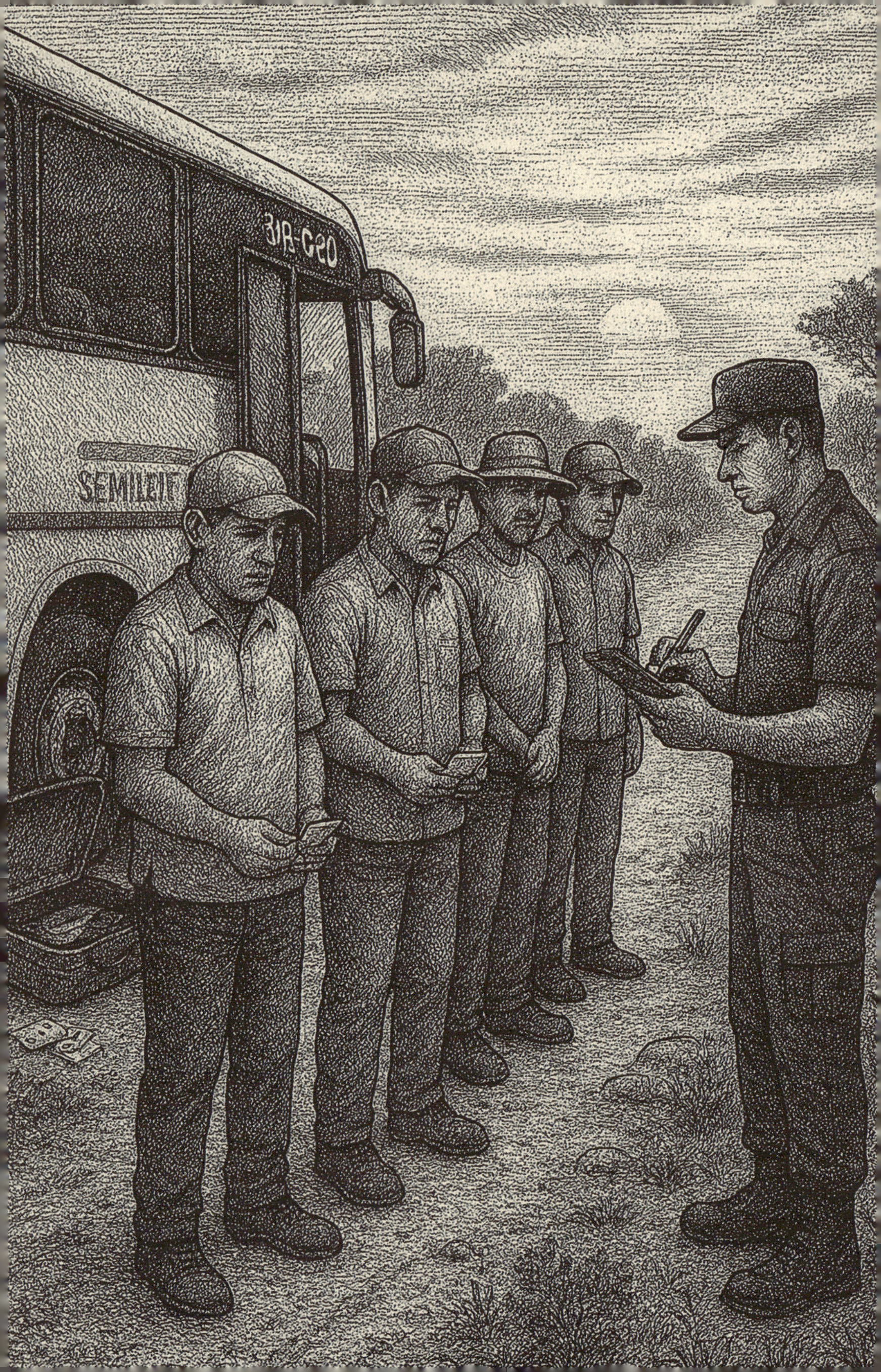
3IR-C20
SEMILEIT

Tensão

A tensão é uma resposta emocional de estresse ou ansiedade diante de desafios e responsabilidades, afetando tanto o corpo quanto a mente. Se não for gerida adequadamente, pode levar ao esgotamento e se tornar um problema crônico. Muitas vezes, a tensão é sinal de estresse constante ou transtornos de ansiedade. A mente desempenha um papel importante nesse processo, com preocupações que geram reações físicas. A liberação de adrenalina provoca sintomas como suor excessivo, aumento da frequência cardíaca, pressão alta, dor de cabeça e tensão muscular. Quando não tratada, a tensão crônica pode desencadear sérios problemas de saúde. Em essência, a tensão é uma manifestação física de um estado mental perturbado, que funciona como um sinal de alerta de que algo não está bem.

No início dos anos 2000, era comum a formação de grupos para ir pescar no rio Araguaia. À época, existiam empresas especializadas que comercializavam pacotes de viagens, incluindo transporte, hospedagem com refeição completa, barcos e piloteiros a cada duas pessoas. Lembro-me de termos fechado uma excursão, composta de quarenta pescadores, para uma pousada à margem do rio Araguaia, na cidade de Luiz Alves (GO), num final de semana no mês de setembro. A excursão partia de um ponto central em Brasília, numa quinta-feira à noite, e voltava no domingo, chegando mais ou menos no mesmo horário da saída, por volta das 20h. A partida era um acontecimento à parte, pois, como éramos todos conhecidos, havia um entrosamento entre as nossas famílias. Era uma festa antes, durante e depois da saída do ônibus. Viajávamos a noite inteira, e a chegada, tão esperada, ocorria sempre ao nascer do sol, num bom trecho de cerca de 50 km não pavimentados da rodovia BR-080. O ônibus era um semileito, e os dois terços iniciais de suas cadeiras eram reservados para quem queria dormir na viagem; o restante, bem, era para o pessoal da farra; havia no fundo, próximo ao banheiro, uma mesa para jogo de truco, que era palco de acirrados campeonatos, com direito a gritos e muita bebida. Quantas lembranças boas dessas viagens!

Luiz Alves (GO) é a porta de entrada para o majestoso rio Araguaia, um verdadeiro paraíso para os amantes da natureza e da pesca esportiva, que a partir de junho utiliza suas praias de areias brancas e águas cristalinas como palco. O rio, nessa região, faz a divisa dos estados de Goiás e Mato Grosso. Ele ainda está muito preservado e abriga uma rica variedade de peixes, especialmente os de couro, como as prateadas piraíbas e as imponentes e coloridas pirararas. A sua fauna é rica, com aves, peixes e animais de grande porte. O pôr do sol no Araguaia é simplesmente mágico. A cada noite, o céu se transforma em uma paleta de cores vibrantes, criando um espetáculo único. Em Luiz Alves, você encontra pousadas simples e aconchegantes, com comida caseira deliciosa. Além da pesca, você ainda pode desfrutar de diversas atividades, como passeios de barco, lancha ou *jet ski*.

Essas excursões eram bastante familiares. Tinha pai acompanhado de filho, filho acompanhado de pai... enfim, podemos dizer: uma grande família. Assim, eu praticamente conhecia todo mundo e me lembro bem de que, nessa viagem, estávamos eu, Caim, Juiz, Macaco, Teo e Israel. Israel é um paulista nascido em Jeriquara, que se considera um mineiro, pai de dois filhos, casado pela segunda vez, botafoguense, servidor público, engenheiro civil que adora viajar e pescar, como eu. Conheci Israel na segunda metade da década de 1990, na administração pública, já que trabalhávamos na mesma secretaria. Naquela época, não se praticava a "pesca esportiva" e ainda não havia a chamada "Cota zero" (Lei Estadual n. 17.985/2013), sancionada em 2013, e que regula a pesca amadora até os dias de hoje no estado de Goiás.

A legislação vigente à época naquela região permitia pescar e trazer qualquer tipo e quantidade de peixes, com algumas exceções, desde que cumpridas as medidas mínimas inerentes a cada espécie. Uma dessas exceções era a pirarara.

Conforme já abordado no capítulo "Euforia", a pirarara é um peixe de couro que pode atingir 60 kg e 1,5 m de comprimento; possui coloração cinza-escuro nas costas e branca na barriga, semelhante a um tubarão. Sua cauda e barbatana dorsal são avermelhadas. A dieta é onívora e apresenta hábitos noturnos, alimenta-se de peixes, frutas, moluscos e crustáceos no fundo dos rios. É um dos poucos predadores naturais da piranha. É facilmente capturada em pesqueiros com massa e pedaços de peixe, e é popular em aquários, mas não é recomendado mantê-la com peixes menores, justamente por ele ser onívoro.

O nosso ritual da pesca era o seguinte: quando se fisgava um peixe, o piloteiro o media e, se ele estivesse maior que a medida mínima estabelecida, embarcava; se não, o devolvia para o rio. Quando a captura era de uma espécie proibida, tínhamos que devolver para o rio, independentemente do seu tamanho. Os peixes capturados e embarcados eram tratados pelo piloteiro do barco e, quando voltávamos da pescaria, eram identificados para cada pescador e então armazenados numa câmara fria da pousada onde, no final da temporada, eram devidamente embalados para levarmos para nossa casa. Lembro-me bem de que naquela excursão houve muita fartura de peixes, que era bem relatada e encenada, pelos pescadores, nos encontros de final de tarde, já de volta à pousada, antes do jantar. Se me recordo bem, o grupo pescou belos exemplares de mandubé, pintado, corvina, dourado e piranha. Cada exemplar era detentor de uma história para se contar.

No final da temporada, como sempre, separamos os pacotes de peixe identificados por cada pescador, arrumamos nossas tralhas e as colocamos no compartimento de cargas do ônibus. Embarcamos de volta, cansados, mas bastante felizes por mais uma aventura exitosa. Aqueles primeiros 50 km de rodovia não pavimentada da

BR-080, entre Luiz Alves e São Miguel do Araguaia, duraram uma eternidade. Quando estávamos quase chegando no trecho pavimentado, fomos surpreendidos por uma fiscalização da Polícia Rodoviária local. O motorista, então, encostou o ônibus e desceu para conversar com o policial. Enquanto se identificava e ouvia a explicação do porquê da parada, aguardávamos acomodados no interior do veículo. Nesse momento, para surpresa de todos nós, diante da situação de uma potencial fiscalização, Israel nos confidenciou que havia separado suas roupas num saco plástico e alocado, na sua própria mala, uma pirarara, e que ela estava escondida no último banco do ônibus. Imaginem a cena: o grupo transportava, sem saber, uma espécie de peixe proibido pela legislação, enquanto o veículo era alvo de alguma averiguação. Não sei avaliar, com exatidão, o sentimento de cada um de nós naquele instante, mas posso afirmar que passamos por momentos de muita tensão, pois o grupo corria um sério risco de ser autuado, multado e de ter confiscado todos os seus equipamentos de pesca, caso o fato viesse a ser detectado pelos policiais.

Passados alguns minutos, o motorista solicitou que todos descêssemos do ônibus, quando, então, nos foi explicado que o motivo da parada era decorrente de uma denúncia anônima, passada por rádio, de que um ônibus, a alguns quilômetros, teria fechado um veículo de passeio e que ele teria capotado, causando um acidente com vítimas. Após sucessivas explicações de ambas as partes, houve a constatação, pelos policiais, de que o nosso ônibus não conferia com as características do veículo objeto da denúncia. O policial, no entanto, acredito eu, para não perder a viagem, resolveu verificar a regularidade do grupo com relação às licenças de pesca amadora. Nesse momento, confesso que o nível de estresse aumentou, pois não tínhamos a certeza de que todos estavam em dia com essa obrigação. Passamos, então, a nos perfilar portando, cada um, a sua própria licença e identificação. Foram minutos de grande expectativa, pois a conferência seguiu, pescador por pescador, licença por licença. Finalmente a conferência findou e, para o alívio de todos, o policial não quis inspecionar o ônibus; deu por encerrada a fiscalização e, com isso, fomos liberados.

Continuamos a viagem aliviados e com mais uma lição aprendida. Sempre que me lembro desse episódio, procuro me colocar na posição do Israel para encontrar uma explicação sobre todo o ocorrido. Nas minhas reflexões sobre o fato, sempre me deparo simultaneamente com uma exclamação e uma indagação. De um lado, entendo que o Israel não quis nos contar do seu feito antes da partida de volta por saber que essa ação receberia a nossa desaprovação. De outro, apesar de curioso que sou, até hoje não indaguei ao Israel sobre os reais motivos que o levaram a agir dessa forma, escolhendo trazer uma pirarara como único exemplar de sua pesca, tendo em vista que a carne dele é bem gordurosa e não tem o mesmo valor comestível se comparado aos demais peixes da região cuja pesca era permitida. Como se diz por aí: "É uma pergunta que não quer calar".

A pesca, nesse contexto, se transforma em uma metáfora da vida. Cada peixe capturado representa uma conquista, um objetivo alcançado. No entanto, a pesca também é uma atividade incerta, em que a sorte e a habilidade do pescador desempenham um papel fundamental. Assim como na vida, a pesca nos ensina a importância da perseverança, da paciência e da aceitação da incerteza. Ela nos convida a refletir sobre a complexidade da vida humana, sobre as emoções que nos movem e sobre as escolhas que fazemos. A pesca, nesse contexto, se torna uma metáfora poderosa para a jornada da "pesca da vida", repleta de desafios, alegrias e aprendizados.

A pirarara, aqui, representa um desejo proibido, algo que se almeja, mas que se sabe que não se deve ter. Ele simboliza a transgressão, o risco e a recompensa. O ato de esconder a pirarara na mala é uma metáfora para as escolhas que fazemos na vida, muitas vezes arriscadas e com consequências imprevisíveis. A tensão aqui narrada espelha o que enfrentamos na vida: a ansiedade diante do desconhecido, o medo do fracasso e a pressão por resultados.

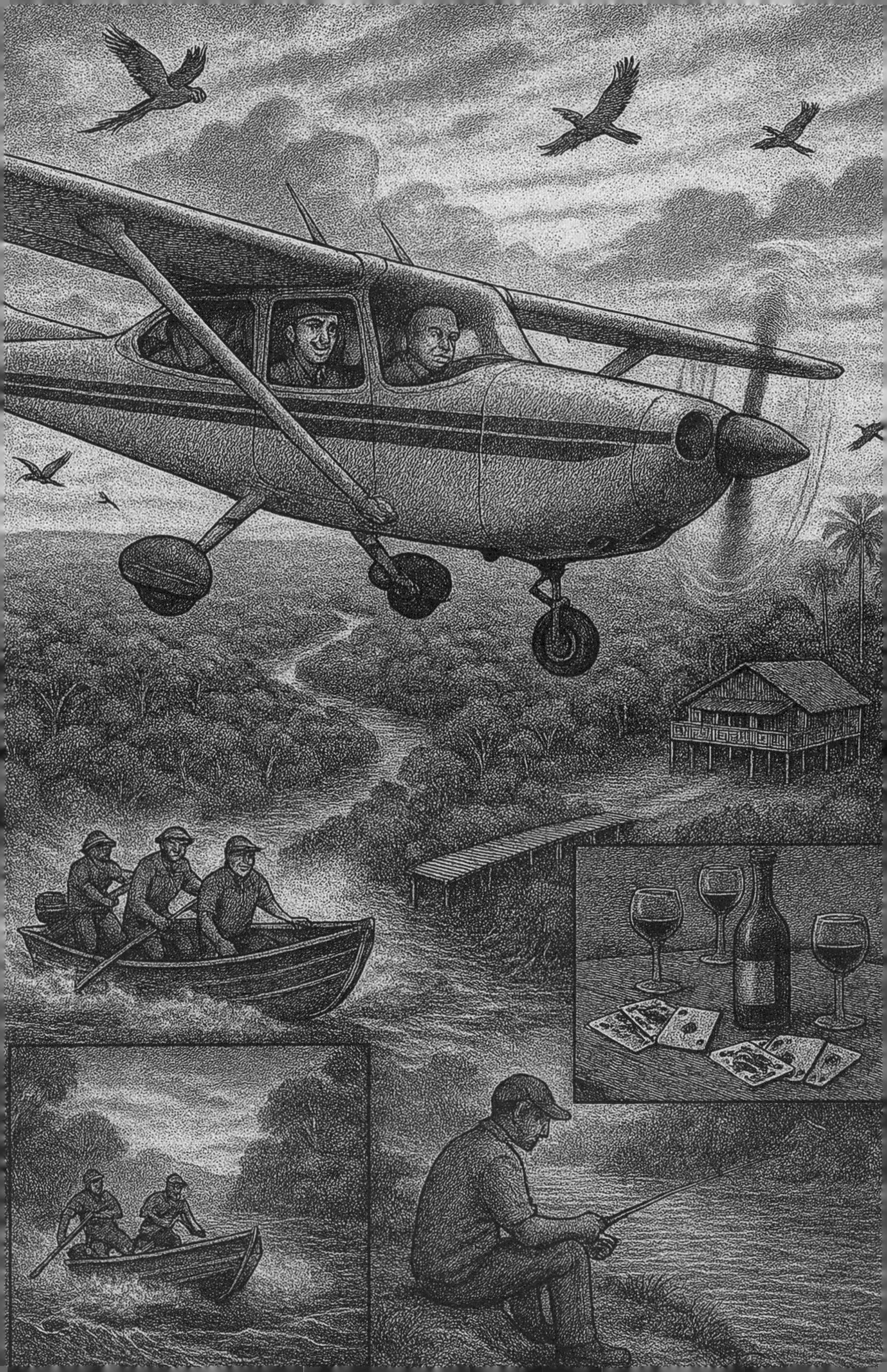

AVENTURA

A aventura é uma ação arriscada, fora do comum ou perigosa, como um pescador lançando sua linha em um rio desconhecido, sem saber o que encontrará, mas esperando uma grande captura. Na "pesca da vida", a aventura vai além da busca por peixes. Ela representa a coragem de explorar novos caminhos, sair da zona de conforto e enfrentar desafios inesperados. Essa jornada de autoconhecimento é repleta de experiências que nos moldam, sejam elas positivas ou negativas. A aventura na vida é a constante busca por novos horizontes, pela descoberta e pela vontade de viver intensamente cada momento. É um mergulho no universo das experiências sensoriais, dos aprendizados e das conexões que enriquecem a vida do pescador e ampliam sua visão de mundo. A aventura nos transforma e nos conecta mais profundamente com a essência da vida.

No início de 2004, a convite de um amigo, o Consultor, participei de uma pescaria no sul do Pará, juntamente com Barroso, Careca, Italiano e Dev. Nosso destino nessa expedição era uma pousada à margem do rio Teles Pires, em plena Selva Amazônica. Lembro-me bem da emoção de cada etapa da viagem, desde o voo inicial até Cuiabá, passando pelo barulho dos turboélices a caminho de Alta Floresta, até o momento em que subi num monomotor para a parte final da jornada.

Para chegar ao nosso destino, tivemos que pegar três voos partindo de Brasília. Primeiro, voamos de Boeing até Cuiabá; nenhuma novidade até aí. Segundo, de turboélice até Alta Floresta (MT), um avião de médio porte, mais lento, mais barulhento e que voa mais baixo, o que pode tornar o voo turbulento se as condições meteorológicas não colaborarem. Terceiro, voamos de monomotor até a pousada, um avião pequeno, com capacidade para até cinco pessoas, possuindo apenas um motor. Confesso que nunca tinha voado numa aeronave desse porte, e foi aí que residiu a nossa aventura.

Essa foi uma das experiências mais marcantes da minha vida. Quando aceitei o convite do Consultor para a expedição, sabia que estava me lançando em uma verdadeira aventura, algo fora do comum e cheio de riscos, mas também repleto de oportunidades de descoberta e autoconhecimento. Essa viagem não foi apenas sobre pescar, mas sobre enfrentar o desconhecido, sair da minha zona de conforto e abraçar os desafios que a vida nos apresenta.

O rio Teles Pires nasce no município de Primavera do Leste, no estado de Mato Grosso, e deságua no rio Juruena, grande afluente do rio Tapajós, em Barra de São Manoel, no estado do Pará. Em suas águas existem diversas espécies de peixes, como cachorras, piranhas, jaús, pintados, matrinxãs, piraíbas e pirararas, sendo um rio muito procurado para pesca esportiva.

O Consultor é um empresário bem-sucedido, analista de sistemas, flamenguista, apreciador de bons vinhos, admirador de charutos, jogador de pôquer, pescador, além de ser boa-praça e um ótimo contador de histórias. Pescar com o Consultor significa mais do que pescar. Com ele, não se vê o tempo passar, tem sempre um carteado, uma degustação de vinho refinada e muitos "causos" vivenciados. Dividir o barco ou o quarto de hotel com ele é um capítulo à parte.

Na aventura abordada aqui, tivemos uma expedição que, a nosso ver, foi repleta de emoções. Saímos de Brasília no meio da manhã e chegamos a Cuiabá por volta do meio-dia; ato contínuo, voamos para Alta Floresta e chegamos lá por volta das 15h. Ao desembarca, fomos recepcionados pela operadora da pousada, em um ônibus dos anos 1950 todo decorado com pinturas de peixes da região. Nos sentimos indo para um autêntico safári, achamos tudo aquilo muito interessante. Almoçamos e, devido ao avançado da hora, e por questões de segurança, acabamos pernoitando em Alta Floresta, pois, em função da capacidade limitada da aeronave, e considerando que éramos seis pescadores, teríamos que fazer o último trecho da viagem em duas etapas; além do que, a pista de pouso da pousada não possuía iluminação e não havia tempo suficiente para voar ainda na luz do dia. Ao amanhecer, partimos para o aeroporto no mesmo ônibus estiloso do dia anterior. Decolamos no primeiro voo: eu, o Consultor, o Careca e o Barroso. Para se ter uma ideia, a limitação de peso nesse tipo de aeronave é tão crítica que a tralha de pesca a ser transportada é bem controlada, não sendo permitido nem carregar chumbadas. A acomodação teve a seguinte configuração: o Barroso como copiloto e eu, o Careca e o Consultor no banco de trás. O tempo previsto de voo era de quarenta minutos, e confesso que, já na partida, senti um frio na barriga. Passados alguns minutos críticos, e já na altura de cruzeiro, eu tinha um misto de sentimentos distintos: de um lado, estava encantado com a vista da Selva Amazônica, sua biodiversidade de espécies animais e vegetais, e de outro, bastante inseguro e com medo de que algo não desse certo; afinal, era a primeira vez que viajava naquele tipo de aeronave. Diferentemente de mim, o Barroso, por já ter praticado paraquedismo e ter mais experiência, bem como saber conceitos básicos de aviação, estava totalmente relaxado e seguro, a ponto de, em determinado momento do voo, com a devida permissão do piloto, assumir o comando do avião. Foi o ápice do meu pânico; não sabia o que dizer, nem fazer, só rezava e pensava no que aquilo poderia dar. A impressão que tive é a de que o Careca, pelo seu semblante, compartilhava os mesmos temores que eu. De repente, para o nosso alívio, o piloto nos apontou a pousada e sua pista de pouso. Assumiu o comando da aeronave, fez um sobrevoo de contorno e, finalmente, aterrissamos; e bem, graças a Deus.

Os dias que se sucederam não ficaram para trás no quesito de aventura com emoção. A região do rio onde se situava a pousada era linda, rodeada de corredeiras, as quais tínhamos que atravessar diariamente, tanto na ida quanto na volta das pescarias, demandando dos piloteiros manobras com habilidades sem igual. Haja coração para tanta emoção. O rio também era bastante piscoso e, não à toa, os guias da pousada nos indagavam todos os dias, logo pela manhã, qual o tipo de peixe desejaríamos pescar: se de escamas ou de couro, e se em águas agitadas ou tranquilas. Uma dessas opções era a pesca de cachorras, realizada no meio das corredeiras, onde vivenciamos grandes emoções, pois as ondas decorrentes delas conferiam ao barco um balanço infindável e, por que não dizer, assustador. A cachorra é um peixe de água doce, famosa por sua aparência imponente e seus dentes afiados. Possui características únicas que a torna uma verdadeira máquina de caça. Seus dentes são longos e pontiagudos, semelhantes aos caninos de um cachorro, daí o seu nome. Essas estruturas afiadas permitem que a cachorra capture e segure suas presas com firmeza. Com um corpo alongado e comprimido, lateralmente, a cachorra é uma nadadora rápida e ágil, ideal para perseguir suas presas em águas mais profundas. Um exemplar adulto pode atingir 1,5 m de comprimento e pesar cerca de 20 kg.

Todos os dias tínhamos muitas ações e variedades de peixes, sem falar nas instalações e culinária da pousada que eram impecáveis. Me lembro bem do requinte e das técnicas de pesca empregadas pelo Italiano e o Dev. Eles pescavam bem mais do que nós, o que vem a comprovar que a pesca é muito mais técnica do que sorte, como qualquer outra atividade esportiva. Enfim, foram cinco dias inesquecíveis. O nosso retorno a Brasília foi semelhante à vinda: em três voos, com direito ao Barroso pilotando o avião por alguns minutos no primeiro trecho (dessa vez sem a companhia do Careca que, por medo, decidiu ir no outro voo), e depois passando por Alta Floresta e Cuiabá. Só que, agora, estávamos saudosos, bem mais aliviados e com muita história para contar. Hoje, ficaram as lembranças: aquela pousada não existe mais, pois a região, conhecida como a "Cachoeira 7 Quedas", foi inundada pela construção da UHE Teles Pires.

Mas, mais do que os peixes que capturei, o que realmente marcou essa viagem foram as conexões que fiz e as lições que aprendi. O Consultor, com suas histórias e seu jeito descontraído, fez com que o tempo passasse voando, enquanto o Barroso me ensinou a manter a calma em situações de alta tensão. Cada conversa, cada partida de pôquer, cada gole de vinho compartilhado com esses amigos fez dessa viagem uma experiência inesquecível.

Hoje, ao lembrar dessa aventura, percebo que ela foi muito mais do que uma simples pescaria. Foi uma jornada de autodescoberta, um teste dos meus limites e uma oportunidade de expandir meus horizontes. A pousada onde ficamos pode não existir mais, mas as memórias e as lições que essa experiência me proporcionou continuarão a me acompanhar por toda a vida. A pesca, assim como a vida, é uma aventura contínua, onde cada rio é um novo desafio e cada peixe capturado é uma nova conquista. E, ao final de cada jornada, sou um homem transformado, mais conectado com a natureza, com os amigos e, principalmente, comigo mesmo.

Ao explorar novos horizontes, a pesca se torna um portal para a descoberta de novos lugares, culturas e paisagens. Cada rio, lago ou mar oferece um convite irresistível para desbravar o desconhecido, seja na vastidão do Pantanal mato-grossense ou na imponência do rio Paraná, na Argentina. A aventura reside na emoção de se conectar em territórios inexplorados, expandindo os horizontes físicos e mentais.

A aventura na "pesca da vida" não se limita a um destino físico, mas, sim, a uma jornada interior que transforma o pescador e enriquece sua vida. É um convite para explorar o desconhecido, superar desafios, conectar-se com a natureza, aprender, crescer e construir laços de amizade que duram a vida toda.

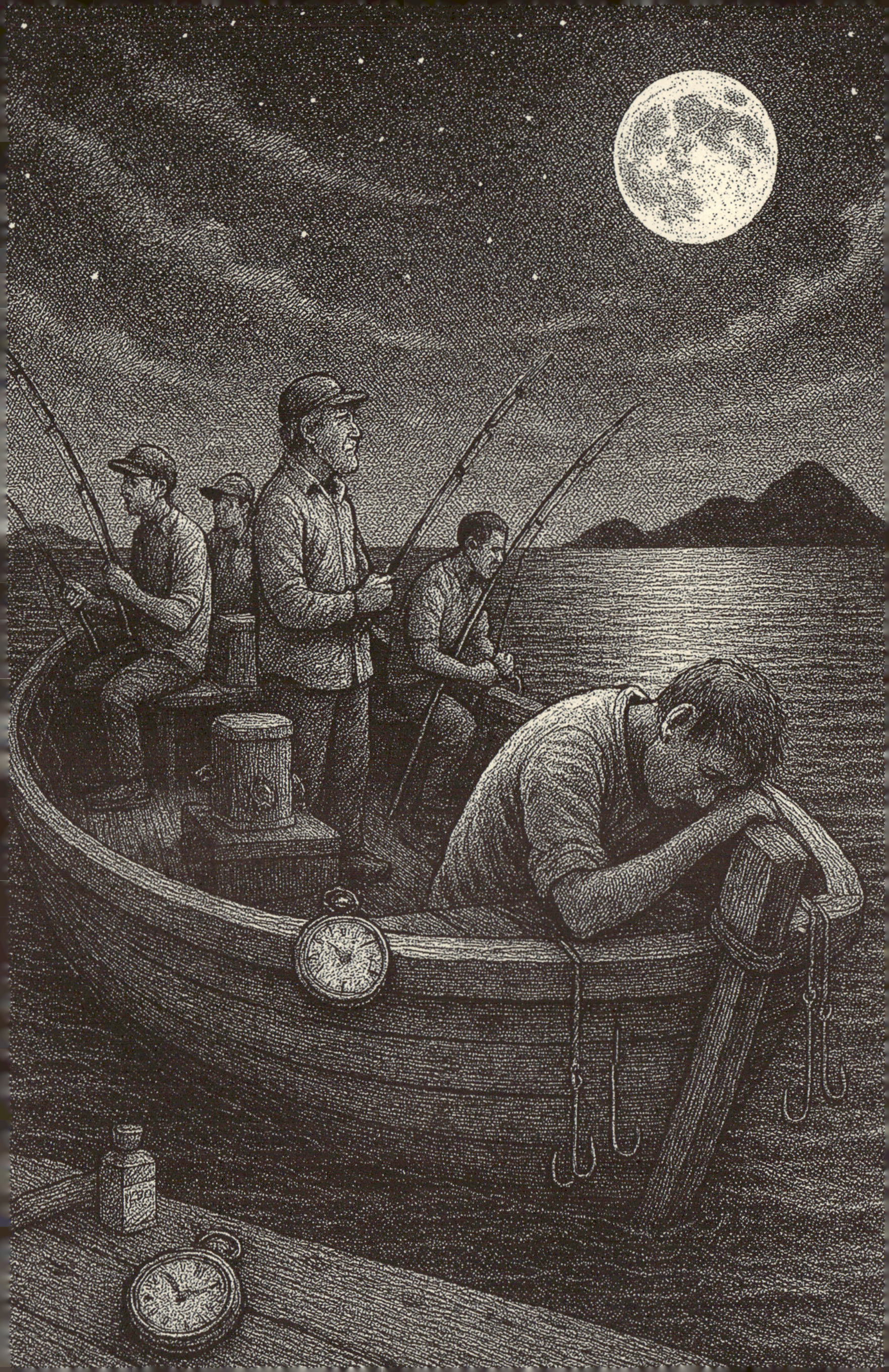

HUMILDADE

A humildade é a virtude que consiste em reconhecer as próprias limitações e fraquezas, permitindo agir com consciência e empatia. Ser humilde é não se considerar superior ou inferior a ninguém, tratando todos com respeito, independentemente de sua posição social. A pessoa humilde valoriza os outros, demonstrando sabedoria, tolerância, gentileza e gratidão. Ela sabe ouvir e compreender o ponto de vista alheio sem julgar ou criticar, evitando apontar defeitos e oferecendo críticas construtivas para ajudar no crescimento do outro. Além disso, a humildade envolve a capacidade de aceitar ajuda sem sentir vergonha, reconhecendo que todos precisam de apoio em algum momento. Essa virtude torna o indivíduo mais consciente de si mesmo e mais atento às necessidades dos outros, fortalecendo relacionamentos saudáveis e significativos.

A relação entre humildade e autoconfiança pode parecer contraditória, mas essas qualidades se complementam e se reforçam mutuamente. A humildade envolve reconhecer nossas limitações e estar disposto a aprender e crescer, sem a necessidade de provar superioridade. Já a autoconfiança é a crença em nossas habilidades e a capacidade de enfrentar desafios com coragem. Uma pessoa humilde não subestima suas capacidades; ela reconhece suas forças, mas sabe que sempre há espaço para o aprendizado e a evolução. Essa consciência permite que ela aja com segurança, sabendo quando é capaz de fazer algo e quando precisa de ajuda. A humildade, portanto, não enfraquece a autoconfiança; ela a fundamenta em uma visão realista e honesta de si mesmo. Juntas, essas qualidades criam um equilíbrio saudável, em que a pessoa age com segurança e assertividade, sem arrogância, mantendo a mente aberta para novas experiências e aprendizados.

No verão de 2006, durante umas férias com a família na praia do Foguete, fiz uma pescaria de peixe-espada em Arraial do Cabo. A expectativa era grande, pois, em que pese já ter pescado nessa região por muitas vezes com o pescador, era a primeira vez que me aventurava à captura desse tipo de peixe. Estávamos nessa empreitada eu, o Bironga, o Yank, o Frances e o pescador, é claro. O Yank e o Frances são parentes nossos que estavam passando férias no Brasil. O Yank, como o seu apelido sugere, é um americano que mora em San Diego, Estados Unidos; tem a convicção de que seu país é o centro do mundo e espera que todos os demais se curvem a essa ideia. Ele se recusa a falar português, acreditando que o inglês é a língua universal. Apesar de sua postura, é uma boa pessoa, e eu o admiro muito. Já o Frances, por outro lado, mora em Roma, Itália, mas tem uma alma profundamente brasileira. Adora futebol, samba, praia, e é um profundo admirador do nosso país. O pescador, sempre generoso com seu conhecimento, compartilhou valiosas dicas, explicando que a pesca do peixe-espada na região era mais eficaz no final da tarde, ao cair da noite. Esse conselho definiu o ritmo da pescaria, que não era apenas uma simples captura de peixes, e sim uma oportunidade de integração, aprendizado e troca cultural.

O peixe-espada é uma espécie de peixe marinho que habita águas profundas e temperadas, encontradas em diversas partes do mundo. Esse peixe é conhecido por apresentar um corpo extremamente alongado, fino e comprimido lateralmente. A sua cabeça é relativamente pequena em proporção ao corpo, com olhos grandes, adaptados para enxergar em profundidades onde há pouca luz. A boca é alongada e cheia de dentes afiados, adequados para capturar presas rápidas. Sua coloração é geralmente prateada ou metálica, com um brilho que reflete a luz de forma intensa, lembrando uma fita ou lâmina, o que justifica seu nome comum. Ele pode crescer até cerca de 2 m de comprimento, embora a maioria geralmente varie entre 1 e 1,5 m. O peso médio fica em torno de 5 a 10 kg, mas pode chegar a 15 kg. É uma espécie bastante apreciada na pesca comercial e em alguns mercados de frutos do mar devido à sua carne branca e saborosa.

O nosso local de pesca era um ponto no mar, equidistante da ilha dos Porcos e da ilha do Farol, tendo como referência a praia dos Anjos. Devido ao balanço do barco, esse tipo de aventura demanda alguns cuidados prévios para que não tenhamos surpresas desagradáveis, como enjoos, sintomas de vômito e náuseas durante a pesca. Assim, para nós, que não estamos acostumados com esse ambiente, é aconselhável se alimentar antes ingerindo banana e frutas cítricas, beber bastante água e fazer uso de alguma medicação do tipo "Dramin Capsgel 50 mg em cápsulas". Não foi o caso do Frances, que se negou a ter esses cuidados, alegando não ser necessário para ele em particular. Partimos, então, num final de tarde, da praia dos Anjos, em Arraial do Cabo, com destino ao nosso ponto de pesca. Ao chegar ao local, com o sol ainda se pondo, o pescador ancorou o barco e nos explicou como seria o procedimento: lançaríamos as nossas linhas no mar até encostar no fundo e, em seguida, a levantaríamos uns 50 cm. Aguardamos o anoitecer. Durante a pesca, haveríamos de ficar atentos, pois a fisgada do peixe-espada nos dá a sensação de que a linha está esgarranchada, quando, então, deveríamos recolhê-la até a borda do barco e trazer o peixe para dentro da embarcação. Como toda novidade, ficamos apreensivos à espera daquele momento. Quem seria o primeiro felizardo? O pescador havia nos garantido que, quando chegasse a hora dos peixes, seria um atrás do outro, pois o peixe-espada convive em cardumes. Anoiteceu e não aconteceu. Ninguém teve sequer uma ação. O pescador, então, não aceitando aquela situação, sugeriu que mudássemos de ponto, apontando para a luz de outra embarcação num local oposto ao nosso, a uns 2 km de distância.

Evidentemente que aceitamos a proposta do pescador, pois todos nós ali éramos neófitos no assunto e não tínhamos outra alternativa, sob pena de voltarmos para casa frustrados com a nossa empreitada. Recolhemos as nossas linhas e seguimos em direção ao próximo ponto. Reconheço que, naquela altura do campeonato, fui tomado por um certo ceticismo. Ao chegar ao local, repetimos todo o ritual anterior e passamos a esperar pelo momento tão almejado. Mas não é que o pescador estava certo? De repente, fomos envolvidos por uma sucessão de ações, algumas produtivas e outras não, mas o fato é que começamos a capturar os peixes conforme o pescador nos havia previsto. A pesca estava ótima, animada e divertida, quando, para o nosso espanto e desencanto, o Frances começou a passar mal. Ele se contorcia com ânsia de enjoo e não parava de vomitar. Ficava encostado na proa do barco e a todo instante passava mal. A situação ficou insustentável e, apesar do momento e local estarem bastante propícios ao nosso propósito, acordamos todos que teríamos que abortar a expedição e retornar para casa. Sempre que me lembro dessa pescaria, me indago se não teria faltado humildade para o Frances quando não quis tomar o medicamento contra enjoo, nos impedindo de ter aproveitado melhor aquele momento singular.

Essa história ilustra bem a relação entre humildade e autoconfiança. O caso do Frances, que se recusou a seguir as recomendações para evitar o enjoo, é um exemplo interessante de como a falta de humildade pode afetar não só o próprio indivíduo, mas também o grupo. A humildade, como mencionada anteriormente, envolve reconhecer as próprias limitações e estar disposto a aceitar ajuda ou conselhos. Frances, ao não considerar a possibilidade de que poderia ficar enjoado, demonstrou certa arrogância ou confiança excessiva, que acabou prejudicando a todos. Por outro lado, ele poderia ter aprendido com a experiência dos outros, demonstrando uma humildade que, na verdade, não diminuiria sua autoconfiança, mas a fortaleceria, pois ele estaria mais bem preparado para enfrentar os desafios daquela pescaria.

Esse fato também destaca como a humildade pode ser crucial em situações de grupo. Se o Frances tivesse aceitado o conselho de tomar a medicação, certamente o grupo todo teria desfrutado de uma experiência mais agradável. Isso mostra que a humildade não é apenas uma virtude individual, mas uma qualidade que afeta positivamente as dinâmicas sociais e os relacionamentos interpessoais, promovendo uma convivência mais harmoniosa e produtiva.

Além disso, o momento vivenciado demonstra como a humildade e a autoconfiança podem coexistir de maneira harmoniosa. O pescador, por exemplo, mostrou humildade ao admitir que o primeiro ponto de pesca não estava produtivo e sugerir uma mudança, ao mesmo tempo em que confiava em seu conhecimento e experiência para garantir uma boa pescaria em outro local. Essa combinação de humildade e autoconfiança é um exemplo perfeito de como essas virtudes podem se complementar para alcançar o sucesso e o bem-estar coletivo.

Na "pesca da vida", assim como na pescaria, não somos mestres absolutos do resultado; estamos sempre à mercê de fatores que não controlamos completamente, como as condições do mar, o comportamento dos peixes ou a resposta do nosso corpo às adversidades. A situação relatada pode ser comparada a momentos em que, por orgulho ou teimosia, ignoramos conselhos ou sinais que poderiam nos poupar de dificuldades.

A falta de humildade do Frances não só trouxe desconforto a ele como também impactou negativamente a experiência de todos ao seu redor. Isso nos ensina que, na vida, nossas ações têm consequências que vão além de nós mesmos e que a humildade é fundamental para se viver de forma harmoniosa e em sintonia com os outros. Ela não é um sinal de fraqueza, mas de força e sabedoria, pois permite que sejamos receptivos ao aprendizado e abertos a novas experiências, o que, por sua vez, fortalece nossa autoconfiança de maneira genuína. Da mesma forma, o pescador, que mostrou a flexibilidade de mudar de ponto quando o primeiro não estava dando resultado, exemplifica a sabedoria da humildade: reconhecer quando algo não está funcionando e estar disposto a ajustar o curso. Isso é essencial na "pesca da vida", em que precisamos ser adaptáveis, reconhecer nossos erros ou limitações e ter a coragem de tentar novas abordagens. Quando reconhecemos nossas limitações e aceitamos ajuda ou conselho, nos preparamos melhor para os desafios que a vida nos lança, evitando erros desnecessários e cultivando uma convivência mais saudável e empática com aqueles ao nosso redor.

Na "pesca da vida", todos nós temos momentos de arrogância ou de excesso de confiança, mas o verdadeiro pescador aprende com cada saída, com cada maré, sabendo que o grande objetivo não é pegar o maior peixe, e sim crescer com cada experiência, mantendo-se humilde e consciente de que sempre há mais a aprender e mais a melhorar.

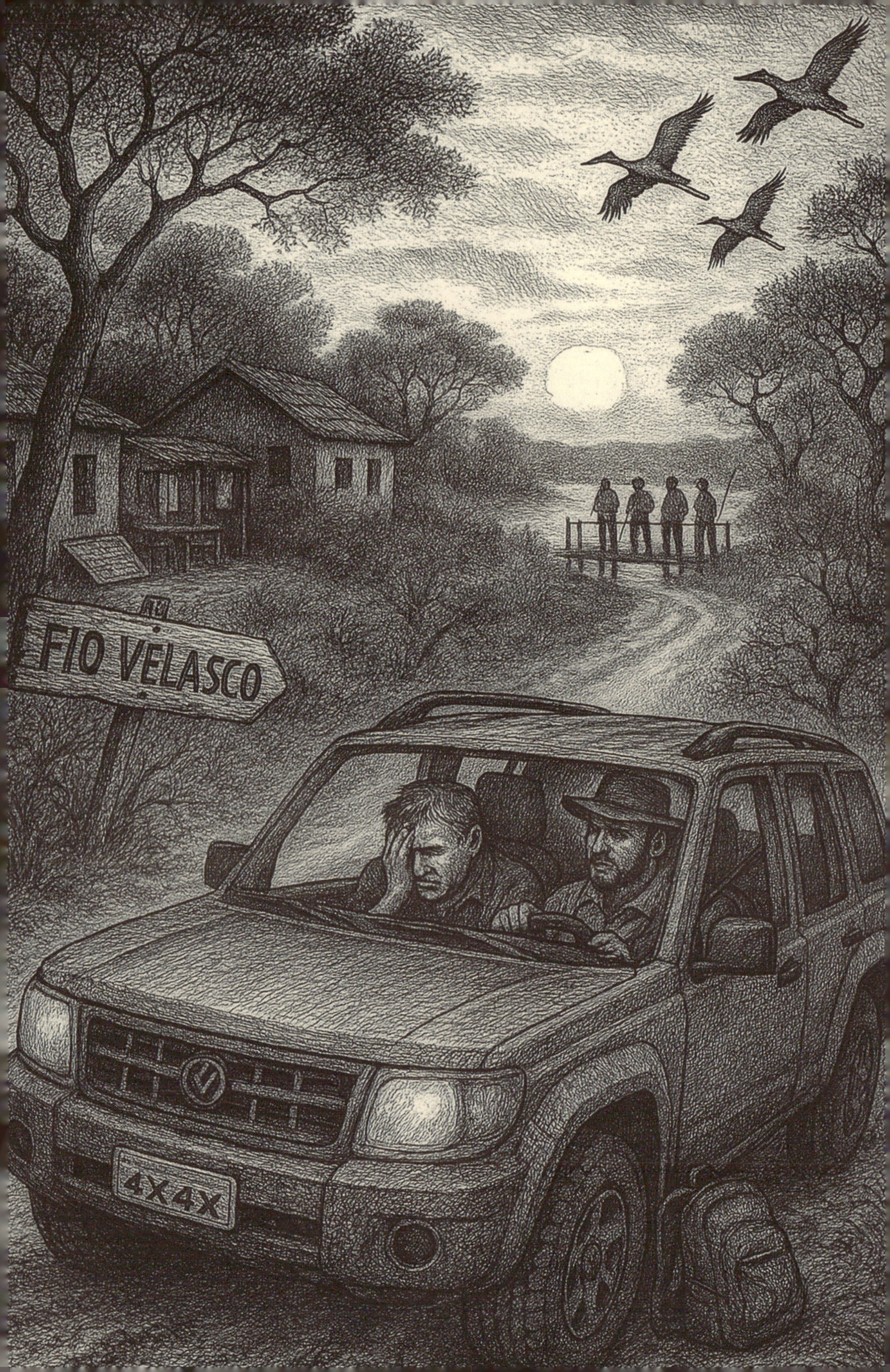
FIO VELASCO
4X4X

Solidariedade

A solidariedade é um ato de bondade e compreensão, refletindo a união de simpatias, interesses ou propósitos entre as pessoas. Ela se manifesta ao prestar ajuda a alguém ou apoiar uma causa, movimento ou princípio. Implica cooperação mútua e a sensação de pertencimento a uma comunidade interdependente. A solidariedade envolve doação e desprendimento, seja emocional ou material, e é uma maneira de exercitar a empatia. Ela nos leva a olhar com afeto as necessidades do outro e agir de forma altruísta. Esse sentimento fortalece os laços humanos e cria um ambiente de apoio, compaixão e entendimento, proporcionando um impacto positivo na convivência e nos relacionamentos. A solidariedade, assim, é essencial para se construir uma sociedade mais unida e cuidadosa.

De 2000 a 2015, a convite de um grande amigo, o Gaúcho, tive a oportunidade de trabalhar na área federal, num alto escalão de governo. Embora tenha sido um período de muito estresse, também foi uma fase de grande aprendizado, pela qual sou extremamente grato ao meu amigo, que me proporcionou essa oportunidade de crescimento profissional. Em que pese a carga de trabalho a que era submetido nessa fase da vida, nunca deixei de praticar meu esporte predileto. Sempre que voltava de uma pesca entre amigos, comentava com o Gaúcho o quanto aquilo me fazia bem e o convidava para ir comigo numa próxima pescaria, para que, enfim, ele pudesse relaxar da carga de trabalho excessiva que ele também tinha, inclusive maior do que a minha. Sabe aquele ditado que diz: "água mole em pedra dura, tanto bate até que fura"? Pois é. Um dia ele aceitou, juntamente a um outro amigo, o Oliva. Este fato ocorreu precisamente em maio de 2006.

Gaúcho é um velho amigo, geólogo, gremista, casado, pai de dois filhos e amante de grandes aventuras, como trabalhar por meses na Amazônia e Antártica, além da prática de trilhas e visitas a cachoeiras. É também um grande degustador de vinhos, um exímio cozinheiro e possuidor de um humor invejável. Oliva é também geólogo, torcedor do fluminense, casado pela segunda vez, tem uma filha; muito querido, é um contador de histórias, padrinho de um dos filhos do Gaúcho, conhecedor de boa parte do mundo e detentor de uma cultura excepcional. Conheci os dois há quarenta anos, através da Morena, minha esposa querida, que já era amiga deles no tempo de universidade. Um pequeno, mas importante detalhe: os dois amigos nunca haviam participado de uma pescaria.

O nosso destino nessa expedição era uma pousada à margem do rio Araguaia, na região de Fio Velasco, município de São Miguel do Araguaia (GO), a uma distância de cerca de 600 km de Brasília. A região é um paraíso para os amantes da pesca esportiva e do ecoturismo. O local é conhecido por suas paisagens exuberantes, rica fauna aquática e infraestrutura completa para receber pescadores de todo o Brasil e do exterior. A pesca, naquela região, é um dos principais atrativos, com a presença de diversas espécies de peixes, como tucunarés, piranhas, dourados, jaús e pacus. A pesca pode ser feita tanto na modalidade esportiva, com a captura e devolução dos peixes, quanto na modalidade de pesca para consumo, respeitando os limites estabelecidos pelos órgãos ambientais.

Além da gente, o nosso grupo era composto de mais três pessoas, que partiram antes (o Italiano, o Careca e o Dev), totalizando seis aventureiros. Considerando dois pescadores mais um piloteiro em cada barco, nosso comboio seria composto de três embarcações. Saímos de Brasília depois do almoço num Suzuki Vitara de propriedade do Gaúcho e pernoitamos na cidade de Porangatu (GO), que fica mais ou menos no meio do caminho. Na manhã seguinte, partimos logo cedo e chegamos à pousada ainda a tempo para o almoço junto aos demais pescadores. Depois do almoço, nos dedicamos à montagem das nossas tralhas, o que deixou Gaúcho e Oliva bastante impressionados com a quantidade e qualidade dos equipamentos de pesca envolvidos.

Outro fato marcante nesse dia foi que Gaúcho e Oliva apareceram só de sunga e camiseta, como se fossem banhar-se num clube, enquanto o restante dos pescadores estavam todos paramentados com camisa de manga comprida e calça com proteção UV, o que os fizeram se sentir "estranhos no ninho". Naquela tarde, montamos uma prévia da pescaria, enquanto nossos dois amigos, por não terem equipamento e nem vestimenta apropriada, optaram por dar um passeio de reconhecimento pela região. O rio se apresentava como um refúgio convidativo, um oásis para escapar do calor sufocante do local. Conta a lenda que, ao se banhar no rio, com receio de candirus e arraias, os nossos dois amigos se moviam como marionetes, com seus corpos rígidos e desajeitados lutando contra a correnteza suave das águas. Os pés arrastavam-se pelo fundo arenoso, como se cada passo os aproximasse de um encontro indesejado com as criaturas lendárias. A cada movimento, a imaginação fértil conjurava imagens de ferrões venenosos e dentes afiados prontos para atacar. Felizmente, foi só um devaneio, nada disso aconteceu.

O candiru é um peixe minúsculo, menor que um dedo, com um apetite por sangue; um predador incomum que ronda as águas doces. Atraído pelo fluxo de urina, ele pode se aventurar em orifícios do corpo humano, como pênis, vagina, ânus, nariz, ouvidos e boca. Uma vez dentro, usa espinhos para se fixar e se alimenta do sangue da vítima, um verdadeiro "vampiro das águas". Já a arraia é um peixe cartilaginoso, reina como predadora silenciosa. Sem oponentes naturais, ela desliza pelas águas com seu ferrão venenoso na cauda. Ao atacar, a arraia crava o ferrão na presa, injetando toxinas que causam dor intensa, inflamação e, em casos graves, até necrose da pele. Uma caçadora eficiente e implacável.

No final do dia, voltamos para a pousada, tomamos um banho e fomos jantar. A pousada tinha capacidade para cerca de vinte hóspedes e estava totalmente ocupada. Tinha um refeitório central, equipado com TV, onde eram servidas as refeições, diariamente, para todos os hóspedes. Me lembro bem do Mensalão, um escândalo de compra de votos que ameaçou derrubar o governo de Luiz Inácio Lula da Silva à época, e da Procuradoria Geral da República (PGR) que tinha acabado de denunciar quarenta pessoas envolvidas; era a notícia em todos os telejornais. A sociedade brasileira estava bastante dividida, e na pousada não era diferente. Diante de manchetes do *Jornal Nacional*, testemunhamos a revolta dos demais hóspedes, na sua maioria xingando o governo como um todo, enquanto nós, por termos uma opinião formada a respeito, ficávamos numa postura solidária um com o outro e em silêncio. Depois do jantar, fomos dormir.

No meio daquela noite, acordamos com Oliva se contorcendo de dor de dente, fruto de um tratamento de canal em curso, e que só passou com analgésicos. Na manhã seguinte, Gaúcho, numa postura bastante solidária, resolveu levar Oliva a um dentista em São Miguel do Araguaia (GO), que ficava a umas duas horas de carro. Depois do café da manhã, eles partiram, enquanto eu fiquei com o grupo de pesca. Apesar de adorar a prática desse esporte, passei o dia inteiro apreensivo. Confesso que não consegui me divertir, pois a minha cabeça estava totalmente voltada para a situação do Oliva. De um lado, estava bastante frustrado por não estar proporcionando a ambos o descanso prometido e, de outro, ansioso para saber se eles tinham encontrado um profissional qualificado para o caso em questão. Somente no final da tarde, quando retornamos da pesca, é que soubemos que eles tinham encontrado um dentista que atendeu-os e renovou o curativo no dente do Oliva. Naquela noite, avaliamos que o pior já tinha passado e que, na manhã seguinte, tudo seria diferente. No dia seguinte, constatamos que Oliva não estava bem, e em decorrência disso abortaríamos a nossa jornada, antecipando o retorno para casa. Desnecessário dizer que não foi uma decisão fácil, o clima no grupo desmoronou e era visível a desanimação de todos.

O retorno foi tomado por um misto de sentimentos de pesar, frustração e solidariedade. Conversamos e refletimos muito no caminho de volta. O fato é que nunca mais o Gaúcho quis saber de pescar, apesar de relembrarmos muito esse episódio. A minha esperança, atualmente, reside no seu filho mais novo, que, de tanto ouvir nossas histórias, vive me pedindo para pescar comigo. Já o levei num pesque-solte e nos divertimos muito pescando tambaqui junto com um outro amigo pescador, o Índio. Uma das minhas tarefas agora é justamente a formação de um novo pescador.

A iniciativa de passar esse legado ao filho do Gaúcho, ensinando-o a pescar e a compreender o valor das relações humanas e do respeito à natureza, evidencia um ciclo contínuo de aprendizado e crescimento que caracteriza a "pesca da vida". Esta é a essência da solidariedade: a passagem de sabedoria e valores de geração em geração, criando uma rede de apoio que perdura no tempo. Em breve faremos, com certeza, uma pescaria raiz com ele. A união de gerações, a troca de saberes, a paixão pela pesca, tudo isso converge nesse momento especial. Mal posso esperar para ver o brilho nos olhos do meu novo aluno ao sentir a força de um peixe na linha. A pescaria raiz será um marco em sua vida, um momento que o marcará para sempre. Esse é o meu próximo desafio.

A solidariedade, no contexto da "pesca da vida", manifesta-se, aqui, como um sentimento de compaixão e apoio mútuo, em que os amigos se colocam no lugar um do outro, priorizando o bem-estar do Oliva em detrimento ao prazer individual da pescaria. A decisão de retornar antecipadamente para casa, mesmo com a frustração, mostra a importância da amizade e do cuidado com o próximo. A solidariedade aqui demonstrada ao decidir encurtar a pescaria, mesmo em meio à frustração, ressalta como, na "pesca da vida", o que realmente importa não é o sucesso ou o fracasso de um plano, e sim a maneira como reagimos às adversidades e apoiamos uns aos outros. Esse episódio reforça a ideia de que a pesca é uma metáfora para a vida, na qual os desafios e as mudanças inesperadas nos oferecem a oportunidade de demonstrar empatia, fortalecer laços e aprender a navegar pelos altos e baixos que a vida nos oferece, com graça e companheirismo.

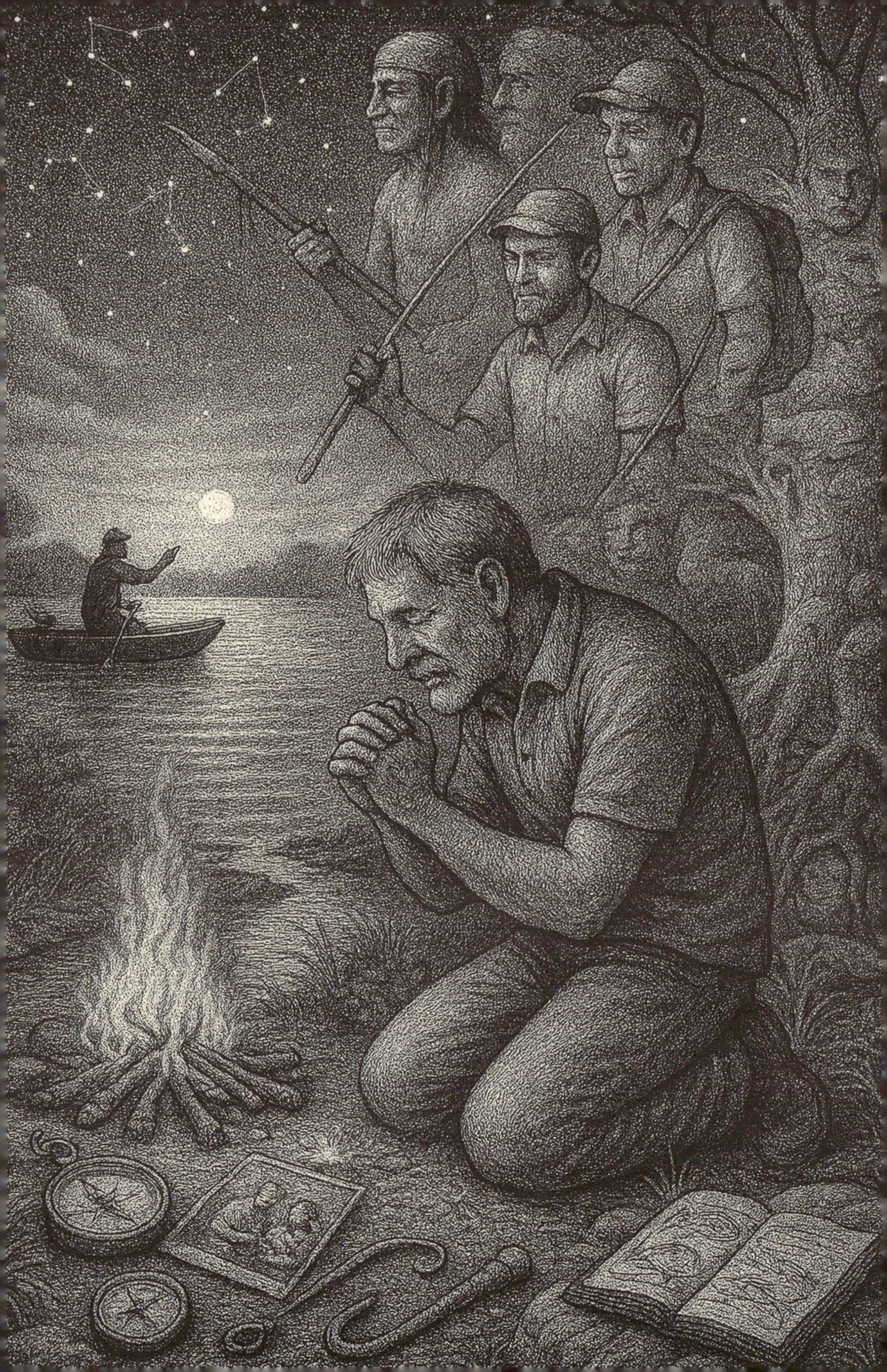

Ancestralidade

A ancestralidade é a ligação com as gerações anteriores, unindo-nos aos nossos ancestrais por meio da linhagem familiar. Ela transmite não apenas características físicas, mas também cultura, história e tradições. Esse conceito abrange tanto a genética, que nos conecta às nossas origens geográficas, quanto as histórias familiares que moldam nossa identidade. A ancestralidade nos oferece um senso de pertencimento e compreensão sobre quem somos e de onde viemos. É uma linha invisível que conecta o passado ao presente, influenciando crenças, valores e comportamentos. Ao explorá-la, podemos encontrar respostas sobre nós mesmos e o mundo. Reconhecer e celebrar a ancestralidade fortalece nosso vínculo com o passado e nos inspira a construir um futuro mais consciente, com maior clareza sobre nossas raízes e o que nos molda.

Como pescador amador, há décadas tenho recebido indagações do tipo: "O que leva uma pessoa a passar horas pela procura de um peixe? Você não tem pena do bichinho? Ele não sente dor? Você não está machucando-o? Depois de machucá-lo, você ainda o solta?". Sempre costumo refletir sobre essa temática, e entendo que mais do que uma mera herança cultural, para mim a pesca se revela como um legado ancestral que tem moldado a minha identidade e visão de mundo. Embora não tenha nenhuma fundamentação científica para isso, sinto que a pesca está em meu DNA. Talvez essa conexão venha do fato de que, desde os tempos imemoriais, essa atividade tem sido essencial para a sobrevivência e o desenvolvimento da humanidade. Por meio da pesca, nossos ancestrais aprenderam sobre os ciclos da natureza, desenvolveram técnicas de captura e aprimoraram suas habilidades manuais.

A ancestralidade é algo que sempre esteve presente na minha vida, moldando quem sou e como vejo o mundo. Para mim, ela vai além de uma simples herança genética; é uma ligação profunda com as gerações que vieram antes de mim. Quando penso na minha paixão pela pesca, vejo claramente como ela é uma manifestação desse legado ancestral. Sinto que essa conexão é algo que me foi passado pelos meus antepassados, que dependiam da atividade para sobreviver e prosperar.

Acho que essa herança ancestral se manifesta na minha paixão por esse esporte, nos seus mínimos detalhes, desde o momento da decisão de ir pescar, passando pela escolha do local, dos companheiros pescadores, dos equipamentos a serem utilizados, dos tipos de iscas, até as técnicas a serem utilizadas. A pesca, para mim, nunca foi apenas uma atividade esportiva. Cada detalhe, desde a preparação até o momento em que estou à beira da água, carrega um significado profundo. Quando estou pescando, sinto uma mistura de emoções que vai da euforia ao respeito pelo peixe e pela natureza. É como se, naquele momento, eu estivesse me conectando com meus ancestrais, honrando suas tradições e aprendizados.

Sinto um misto de emoções: a alegria da vitória, a admiração pela força do peixe, a satisfação pelo trabalho duro e o orgulho de ter vivido um momento único. É nesse instante que eu sinto que a pesca é muito mais do que apenas pescar, é uma experiência transformadora, um ritual ancestral que me conecta com a natureza e com a sua própria força interior. É uma verdadeira viagem, pois essa conexão ancestral me remete a imaginar um passado com muitas histórias, mitos e lendas transmitidas de geração em geração e o modo de vida que levavam. A partir dela, eu me sinto parte de uma linhagem ancestral, tendo respeito à natureza, ética na captura e reconhecendo a importância de preservar e transmitir esse legado para os meus filhos e netos, por meio da prática da pesca esportiva. É uma conexão de pensamentos e convicções, unindo passado, presente e futuro.

Essa viagem sempre emerge, com maior intensidade, quando estou pescando com o Índio. Ele é mais um exemplo de amizade que construí e mantenho graças à prática desse esporte. Índio é um paraense, casado, tem três filhos e cinco netos e é torcedor ferrenho do Paissandu e do Fluminense. Conheci-o nos anos 2000, quando trabalhava na área federal, num alto escalão de governo, no qual ele era o responsável pela área de pessoal. Não tardou muito tempo para saber que ele era um apreciador da pesca. Foi uma empatia imediata, e logo, logo começamos a pescar em grupo. Foram incontáveis as experiências trocadas, e até hoje pescamos juntos. Sempre que penso em pescar, penso no Índio. Ele tem oitenta anos, estabeleceu uma taxa média de pescarias por ano e calculou sua expectativa de vida pela quantidade de pescarias que ainda fará, e eu, é claro, torço para que essa conta não termine tão cedo. A nossa amizade é também uma celebração da diversidade de interesses e personalidades que podem se unir em torno de uma paixão comum. A forma como ele calcula suas "pescarias restantes" com base em sua expectativa de vida é um misto de pragmatismo e poesia, e revela um otimismo que certamente enriquece essa relação.

O Índio é bancário, mas suas paixões são a geologia, a astronomia e a ufologia. Outra característica que temos em comum é o fato de que ele, assim como eu, gosta muito de pescar à noite. De dia, costuma interpretar as formações rochosas por onde passamos, mas é à noite que ele tem as suas maiores inspirações. Sob o céu estrelado, faz reflexões profundas do tipo: "Quem somos?", "De onde viemos?" e "Para onde iremos?". Ao avistar o passado longevo, através da luz das estrelas no céu, tece teorias fantásticas sobre a existência de vidas extraterrestres e nossas origens, interpreta passagens bíblicas, entre outras coisas. É realmente um sujeito incrível e bem atípico.

O Índio, com o seu fascínio por geologia, astronomia e ufologia, parece transformar cada pescaria em uma oportunidade de aprendizado e contemplação. Sob as estrelas, ele não apenas lança linhas para capturar peixes como também para alcançar pensamentos mais profundos sobre a existência, nossas origens e o cosmos. Essa perspectiva filosófica e científica adiciona uma camada única às nossas jornadas, tornando-as mais do que simples encontros recreativos. Nossa amizade, construída ao longo de anos de pescaria juntos, é um exemplo vivo de como a pesca pode unir pessoas de diferentes origens e histórias. Suas reflexões sobre o universo, a vida e as estrelas me fazem pensar sobre nossa pequena parte nesse vasto cosmos e como tudo isso se conecta.

A pesca também nos traz princípios democráticos de convívio com o próximo. Quando estamos pescando em grupo, há um sentimento de irmandade entre nós, não há diferença entre os pescadores, em que pese haver saberes e experiências distintas. Não vou negar que exista uma competição entre nós, mas é uma disputa sempre bem saudável, cujo resultado obtido são vários registros fotográficos e muitas histórias para se contar. Assim, por meio da troca de informações, do aprendizado e do respeito mútuo, fortalecemos os laços de comunidade e contribuímos para a preservação da cultura da pesca. Esse senso de comunidade se manifesta também quando participamos em eventos de pesca, na colaboração e troca de experiências com outros pescadores e na defesa dos direitos da comunidade pesqueira. Ela transcende à mera atividade esportiva; para mim é um propósito de vida, uma forma de honrar meus ancestrais, preservando a cultura da pesca e contribuindo para a sustentabilidade ambiental. É uma parte essencial da minha vida, não apenas como um *hobby*, mas como uma forma de honrar meus antepassados e de transmitir valores importantes para as futuras gerações. É uma bela forma de mostrar como nossas paixões podem nos conectar ao passado, ao mesmo tempo em que nos inspiram a construir um futuro melhor.

O poder transformador da pesca vai muito além da captura de peixes. Ele destaca como essa prática não é apenas uma atividade individual, e sim um ato comunitário que fortalece laços e cria memórias compartilhadas. Ao redor de uma fogueira, num barranco de um rio ou a bordo de um barco, vivenciamos momentos de troca, de histórias contadas e risadas compartilhadas que realmente ficam conosco. Eles conectam as pessoas em um nível mais profundo, independentemente de idade, experiência ou origem. É a prova de que a pesca não é apenas sobre o que você tira da água, mas também sobre o que você leva da experiência em termos de aprendizado e conexão humana.

Transmitir esse legado para as gerações futuras significa não apenas ensinar técnicas ou tradições, mas também cultivar valores como paciência, respeito pela natureza e apreço pela simplicidade dos momentos vividos. Ao fazer isso, perpetuamos um ciclo que conecta gerações e mantém viva a herança de uma atividade que é, ao mesmo tempo, prática, simbólica e profundamente humana. É mais do que um ato de continuidade, é também um gesto de respeito aos nossos antepassados e ao próprio mundo natural. É uma forma de honrar o passado enquanto se planta as sementes para o futuro. Ao transmitir esse legado para os nossos descendentes, preservamos mais do que técnicas e práticas; mantemos viva a essência de uma visão de mundo que valoriza a harmonia com a natureza e a conexão entre as gerações. Esse ciclo contínuo é um lembrete de que somos guardiões de um patrimônio que deve ser respeitado, cultivado e compartilhado. Assim, a "pesca da vida" se torna uma metáfora não apenas para os altos e baixos da nossa existência, mas também para a responsabilidade de carregar adiante o que nos foi confiado. A ancestralidade na "pesca da vida" não se resume a um sentimento, mas a um conjunto de experiências, valores e crenças que moldam a nossa identidade e visão de mundo.

UM DIA DA
PESCA
OUTRO DO
PESCADOR

Tristeza

A tristeza é um sentimento profundo que surge em resposta a situações dolorosas, como perdas, frustrações ou decepções. Ela é muitas vezes acompanhada por uma sensação de vazio, desânimo e falta de energia, fazendo com que a pessoa se sinta sobrecarregada ou sem forças. Esse sentimento pode ser confundido com cansaço físico, mas, na realidade, é a falta de ânimo ou alegria que a tristeza provoca, afetando nossa disposição e motivação para as atividades cotidianas. As manifestações físicas da tristeza incluem lágrimas, melancolia e, em muitos casos, o desejo de se isolar dos outros. Algumas pessoas buscam consolo, enquanto outras preferem ficar sozinhas. Embora a tristeza seja uma resposta natural e temporária a adversidades, ela pode se tornar persistente, afetando a maneira como vemos a nós mesmos e ao mundo ao nosso redor. Em casos mais intensos, a tristeza pode influenciar nossa percepção da vida e até nossa capacidade de tomar decisões. No entanto, em vez de ser apenas um obstáculo, a tristeza pode ser um processo necessário para a cura emocional. Ela nos ajuda a lidar com emoções difíceis, permite que processemos experiências traumáticas e pode nos ensinar mais sobre nossas necessidades emocionais. Superar a tristeza pode nos conduzir a um maior autoconhecimento, fortalecendo nossa capacidade de enfrentar desafios futuros e promover um crescimento pessoal duradouro.

Me recordo de ter tido esse sentimento numa pescaria realizada no primeiro semestre de 2010, no rio Araguaia, precisamente em Luiz Alves (GO). Eu e mais onze parceiros resolvemos fazer uma aventura diferente: em vez de acampar ou mesmo se hospedar numa pousada tradicional, fizemos uma expedição a bordo de um barco-hotel que, como o nome já sugere, é uma embarcação projetada e equipada para fornecer acomodações, refeições e serviços semelhantes aos de um hotel tradicional. No nosso caso, ele tinha dois pavimentos: no primeiro, ficavam os quartos, restaurante e cozinha, e no segundo, a área de lazer com salão de jogos, TV, bar, churrasqueira e ducha. Com ele, vinham, a reboque, seis voadeiras de pesca, que acomodavam, individualmente, dois pescadores e um piloteiro.

Luiz Alves é considerada um paraíso dos pescadores por sua proximidade com excelentes locais de pesca, como a ilha do Bananal, Lagoão, barra do rio Crixás-Açu e a região do Cristalino. A cidade possui boa infraestrutura, com hotéis, pousadas e barcos-hotéis, bem como serviços de utilidade, tais como locação de canoas, guias de pesca, fábrica de gelo, supermercados, farmácia, postos de saúde e polícia. Nessa região há uma abundância de espécies de peixes de escama, como pacu-caranha, matrinxã, pirarucu, piau, pacu, tucunaré, corvina e traíra. Entre os peixes de couro, estão: filhote, cachara, barbado, pirarara, jaú, mandubé, sorubim-chicote, bico de pato e mandi. O período ideal para prática desse esporte vai do início de abril ao final de outubro, quando não chove, e caracteriza-se pelo espetáculo das praias de areias muito brancas e limpas.

A maioria dos integrantes do grupo nessa pescaria era de companheiros de trabalho, mas destaco a presença de figuras carimbadas e recorrentes nas nossas aventuras, como Comandante, Macaco, Barroso, Consultor, Belo e Cabeção. Cabeção é um maranhense nascido em Pedreiras (MA), viúvo, pai de duas filhas, geógrafo, especialista em tecnologia, cantor, compositor, poeta e um companheiro sempre pronto para tudo o que der e vier. Lembro-me de termos pescado juntos, dividindo o mesmo barco, nessa temporada.

Era época de Copa do Mundo de futebol masculino, dessa vez realizada na África do Sul. A nossa seleção vinha acumulando bons resultados, como os títulos da Copa América, Copa das Confederações e a primeira colocação nas eliminatórias para o torneio mundial. Foi um momento ímpar no futebol, porque pela primeira vez o continente africano sediava uma edição desse torneio. Na África do Sul, nove cidades receberam as partidas, em dez estádios diferentes. Nosso time, liderado por Dunga, havia se classificado para as quartas de final, e estávamos muito confiantes de que, finalmente, voltaríamos a vencer uma Copa, tornando-nos o único país a conquistar seis vezes o título mundial. A seleção iniciou sua jornada nessa Copa derrotando a Coreia do Norte por 2 a 1, depois veio a vitória sobre a Costa do Marfim por 3 a 1 e, no último jogo da primeira fase, empatamos com Portugal em 0 a 0. Nas oitavas de final, o Brasil obteve convincente vitória por 3 a 0 sobre o Chile, e nas quartas de final, o nosso adversário seria a Holanda, numa sexta-feira, 02/07/2010, às 16h.

Naquele ano, o clima de otimismo era tão grande que a nossa jornada tinha sido agendada com antecedência para se iniciar numa quarta-feira, 30/06/2010, e se encerrar no sábado, 03/07/2010, ou seja, assistiríamos às quartas de final a bordo do nosso barco-hotel. Lembro-me bem de que os dois primeiros dias de pesca foram uma maravilha: muito sol, ação, cantoria, truco e histórias para contar. No dia seguinte, como o jogo seria às 16h, marcamos um churrasco para às 14h e saímos cedo rumo à procura dos peixes. Na ocasião, me recordo de ter dividido o barco com o Cabeção, pilotado pelo Caçula. O dia estava lindo, a região nos proporcionava paisagens maravilhosas, um palco ideal para contemplação e muita reflexão. A pescaria, naquela manhã, estava tão boa que nem percebemos o tempo passar. Tínhamos encontrado um cardume de mandubé, e aquilo nos rendeu muitas ações e várias capturas. O mandubé, também aclamado como palmito ou fidalgo, é um peixe de couro que conquista paladares exigentes com sua carne macia e sabor inigualável, distinto de outros peixes de sua categoria. Chega a atingir 35 cm na fase adulta. Esse nadador ostenta uma cabeça larga e achatada, adornada com manchas ovais negras e uma boca generosa. Quando nos demos conta, já tínhamos ultrapassado o horário da volta para a nossa concentração.

Ao chegarmos ao barco-hotel, encontramos a turma num clima de festa: churrasco na brasa, bebida gelada e a televisão ligada. Iniciada a partida, a nossa alegria aumentou ainda mais quando Robinho abriu o placar no primeiro tempo. O intervalo do jogo veio e, pelo primeiro tempo, tínhamos a impressão de que dificilmente perderíamos aquela peleja. O Brasil havia dominado a Holanda, criado lances bonitos, sendo pouco ameaçado pelo adversário. Infelizmente, o pior estava por vir. No segundo tempo, nossa seleção falhou na defesa, esteve acuada, quase não chegou ao ataque e demonstrou muita instabilidade emocional. Resultado: a Holanda virou o jogo, e a partida terminou com o placar de 2 a 1. A eliminação da seleção brasileira gerou uma profunda tristeza no nosso grupo, contrastando com a euforia inicial da vitória no primeiro tempo. Fomos eliminados, tendo ainda um jogador expulso e, em vez de conquistarmos o sexto título mundial, terminamos o torneio em sexto lugar.

A derrota do Brasil naquela Copa do Mundo de 2010 foi um momento de tristeza coletiva para muitos brasileiros, especialmente para quem estava em um ambiente tão otimista e festivo como o nosso. A eliminação da seleção, que parecia tão próxima de uma grande conquista, trouxe à tona um sentimento de perda não apenas de uma vitória esportiva, mas de um momento de união e celebração. O nosso consolo foi a Espanha ter se sagrado campeã, pela primeira vez em uma Copa do Mundo, vencendo a própria Holanda por 1 a 0.

A tristeza aqui não se limita à derrota esportiva, mas se estende à frustração de um momento que prometia ser memorável. A expectativa de celebrar a conquista do hexacampeonato mundial a bordo do barco-hotel, em meio à natureza exuberante e à companhia de amigos, foi interrompida pela eliminação inesperada da nossa seleção.

"Um dia da pesca e outro do pescador." Esse era o mantra de conforto que nos tomava conta naquele dia. Essa história também ressalta a resiliência e a capacidade de encontrar consolo e aprendizado nos momentos difíceis. Esse mantra citado é um lembrete poderoso de que a vida é feita de ciclos, de altos e baixos, e que a tristeza, embora dolorosa, é uma parte natural da experiência humana. Voltamos para casa no sábado, conforme previsto, com a certeza de que melhores dias viriam.

A tristeza se manifesta, aqui, como um momento de reflexão e introspecção, em que a alegria da pesca se transformou em melancolia. A perda da expectativa de um dia memorável, a frustração da derrota e a lembrança dos momentos de euforia que se esvaíram criaram uma sensação de vazio e de decepção, que se misturaram com a beleza da natureza e a companhia dos amigos. Ela é um sentimento que pode surgir de diversas formas para o pescador: a perda de algo importante e significativo, a frustração vivenciada, o desaparecimento de um local de pesca, o fim de uma temporada, dentre outros. É também um sentimento inevitável, que nos confronta com a efemeridade da vida e a incerteza do futuro, lembrando que mesmo em momentos de alegria, a vida nos reserva surpresas e decepções. A experiência da pesca, nesse caso, se torna um espelho da própria vida, com seus altos e baixos, suas alegrias e tristezas, suas conquistas e derrotas.

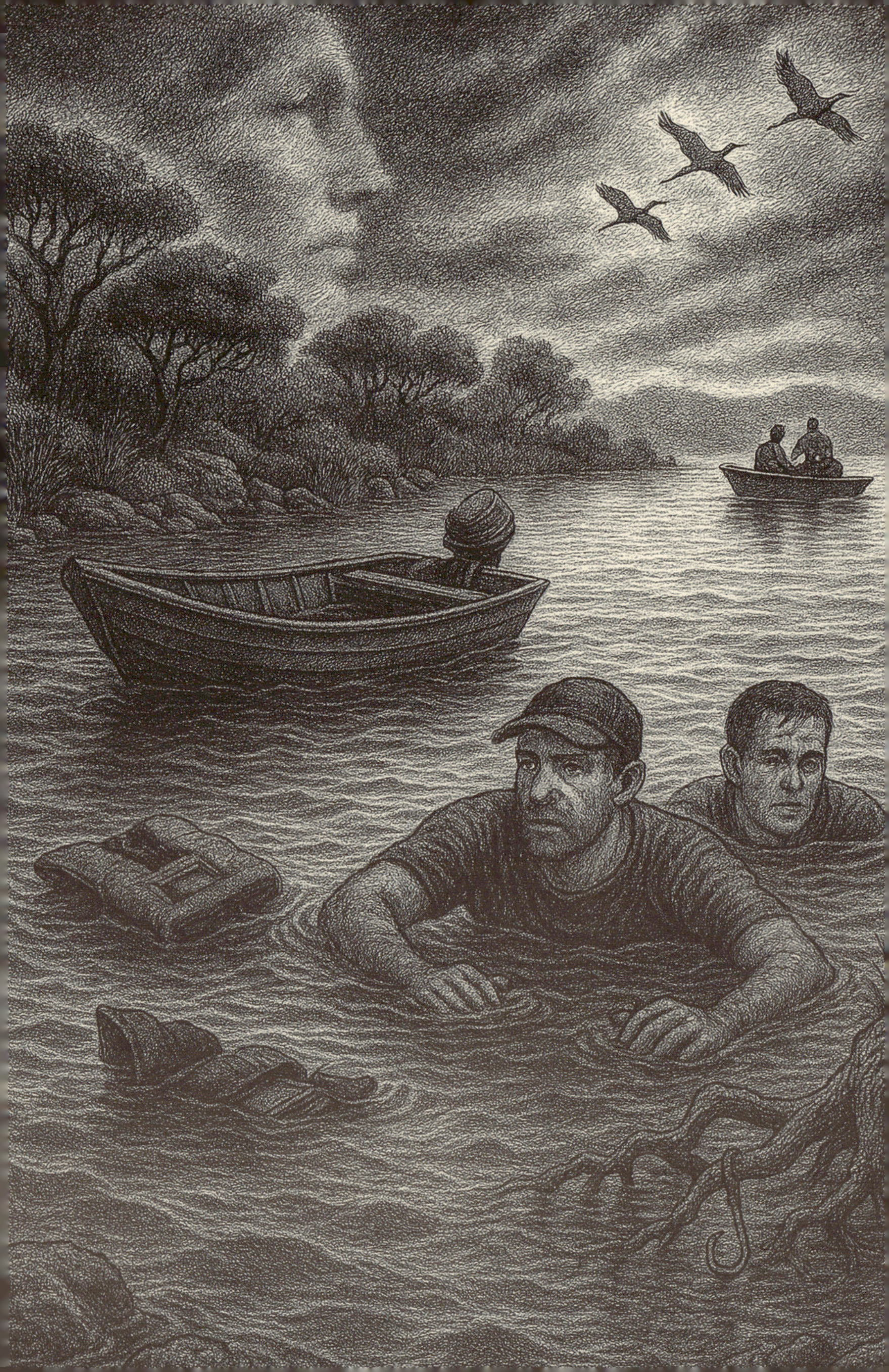

Perigo

O perigo está presente em vários aspectos da vida, muitas vezes de forma invisível, como uma sombra que aguarda. Pode ser uma situação, condição ou conjunto de fatores com potencial de causar danos, lesões ou até a morte. Exemplos incluem animais selvagens, substâncias tóxicas e locais instáveis. A diferença entre perigo e risco reside na probabilidade de um dano ocorrer: o perigo é real por si só, enquanto o risco está relacionado à chance de ser afetado por ele. O primeiro passo para lidar com o perigo é identificá-lo, pois só assim podemos avaliar o risco e executar ações preventivas. Com o conhecimento das fontes de perigo, conseguimos planejar medidas para minimizar a probabilidade de danos, tornando a ameaça mais controlável e menos assustadora. A gestão do risco é, portanto, essencial para proteger a nós mesmos e o que nos cerca. Com as precauções certas, podemos transformar um perigo em um obstáculo que pode ser superado, evitando consequências indesejáveis e garantindo nossa segurança. O perigo pode ser constante, mas, com consciência e preparação, podemos lidar com ele de forma eficaz.

Senti na própria pele o perigo numa pescaria que fiz no lago de Corumbá IV (GO), junto com amigos, no primeiro semestre de 2012. O rancho em que pousamos ficava a cerca de 80 km de Brasília, e a uma hora de carro, razão pela qual partimos numa sexta-feira, logo após o término do expediente, para que pudéssemos pescar, logo cedo, no outro dia. Ao chegarmos ao rancho, o grupo se dividiu em duas turmas: metade por conta da janta e a outra metade por conta da tralha de pesca. Estávamos nessa: eu,

Índio, Dentista, Moreno e Japonês. Tinha ainda um sexto pescador que nos encontraria no outro dia: Coronel. Era uma alegria sem fim, compartilhávamos ali o ritual de um encontro, entre amigos, para a prática de uma paixão comum: a pesca. Antes da janta, o Moreno nos serviu um *malbec* maravilhoso, quando então compartilhamos um autêntico charuto cubano, oferecido pelo Dentista. O Moreno é proprietário do rancho em que estávamos, administrador, casado com uma portuguesa, pai de dois filhos, flamenguista, como eu, e apreciador de bons vinhos. O Dentista, bem, esse era um caso à parte: mineiro da cidade de Prata, profissional de renome na cidade, casado e sem filhos, bom de conversa, muito viajado, culto e aventureiro. Fumamos, brindamos, jantamos e fomos nos deitar ávidos pelo amanhecer do dia.

O lago Corumbá IV é um verdadeiro gigante artificial de beleza singular. Formado pela represa da Usina Hidrelétrica de Corumbá IV, no rio Corumbá, o lago se destaca por suas águas azuis e cristalinas que refletem o céu, criando um cenário de paz e tranquilidade. É um paraíso para os pescadores esportivos, abrigando uma rica variedade de peixes, como tucunaré, pintado e jaú. Além da pesca, a região oferece diversas opções de turismo ecológico, como passeios de barco, *camping* e contato com a natureza exuberante. A fauna do lago também é rica e diversificada, com a presença de aves, mamíferos e répteis. O lago enfrenta desafios socioambientais, como a necessidade de conciliar a exploração dos recursos hídricos com a preservação da natureza. Então é fundamental garantir a sustentabilidade dele e da região, preservando a beleza natural e assegurando o bem-estar das comunidades locais. O lago Corumbá IV é um convite à aventura e à contemplação da natureza. Um lugar ideal para relaxar, pescar, praticar esportes náuticos e se conectar com a beleza das fauna e flora brasileira.

Finalmente amanhecia o dia. Era chegado o ápice da nossa ansiedade. Tomamos café e partimos para o nosso tão esperado momento. Ao chegarmos ao lago, avistamos os nossos dois barcos totalmente envoltos por um tapete de algas que, segundo informações dos nativos da região, era um fenômeno que acontecia com certa frequência. O fato é que a densidade das algas era tanta que nos impedia de navegar, pois, naquelas condições, fatalmente a vegetação se emaranharia nas hélices dos motores de popa das embarcações, comprometendo, assim, o seu funcionamento. A vontade de pescar era tanta que eu e o Japonês resolvemos entrar na água e, a nado, afastamos com as próprias mãos a vegetação que nos impedia de navegar e, com isso, abrimos o caminho para os barcos seguirem. Foi assim que partimos para o primeiro dia de nossa jornada.

Na frente, foi o barco pilotado pelo Moreno, acompanhado pelo Índio e o Japonês. Atrás, vinha o nosso barco pilotado pelo Dentista. Logo no início do percurso, verificamos que o nosso tinha um pequeno problema no bujão de dreno. Trata-se de um plug de plástico que se encaixa em um orifício na popa do barco, com a função de drenar a água que se acumula nele, através de uma saída localizada no assoalho da popa do barco. Quando o bujão está fechado, ele impede que a água entre no barco. Quando o bujão está aberto, com o barco em movimento, a água que está acumulada na popa pode escoar para fora.

Tínhamos parado num local para dar uma pescada, como também soltar algumas boias com iscas, para recolhimento no final da manhã. Permanecemos pescando naquele local por cerca de uma hora e meia e, como não tínhamos tido nenhuma ação, resolvemos mudar de ponto. Semelhante ao ocorrido na saída pela manhã, o barco pilotado pelo Moreno partiu na frente. Durante o período dessa parada, certamente deve ter entrado água no nosso barco, por algum orifício, sem que percebêssemos. Fato é que só fomos atentar para o volume de água infiltrada quando o barco entrou em movimento. Foi o momento, com o barco já em movimento, em que ele naturalmente inclinou a proa para cima e, por efeito da gravidade, a água acumulada desceu para a popa. Ao perceber a quantidade de água acumulada no compartimento da popa, o Dentista, no afã de resolver o problema, em vez de soltar o acelerador e desatarraxar o bujão, continuou acelerando e inclinou o seu corpo bruscamente para que seu braço alcançasse o bujão, com o objetivo de abri-lo. Esse movimento repentino fez com que ele perdesse o controle do barco, que cambaleou como se fosse virar, em pleno movimento. Institivamente, saltamos para fora da embarcação antes que virasse sobre nós. Num primeiro momento, já na água, procurei o Dentista, que, para o meu alívio, estava atrás de mim. Para nossa sorte, o motor da embarcação havia morrido e o barco não tinha virado, apenas boiava. Apesar de saber nadar, senti que a roupa do meu corpo pesava, exigindo mais dispêndio de energia para me deslocar. Assim, combinamos, eu e o Dentista, de irmos nadando, calmamente, em direção à margem do lago, enquanto gritávamos para os parceiros, no outro barco da frente, os quais não nos escutavam.

Quando os amigos pescadores deram por falta de nós, retornaram à embarcação, e já nos encontraram em pé, na margem, observando o nosso barco, à deriva. Depois de termos dado as devidas explicações do que realmente tinha acontecido, pegamos uma carona com eles e navegamos até o nosso barco. Ao embarcar, fizemos uma checagem do nosso material para verificar se havia alguma perda. Foi aí que me dei conta de que eu estava sem o meu colete de pescador, onde havia guardado a carteira com todos os meus documentos, licença de pesca, cartões de banco, celular e chave do carro. Normalmente eu sempre ando vestido com ele, mas nesse dia, em função de toda aquela situação das algas impedindo a nossa partida no início da manhã, lembro-me de tê-lo retirado e colocado em cima do banco do barco, antes de entrar na água, justamente para não o molhar. Resultado: no balanço do barco, certamente o colete foi para água e, devido ao seu peso, afundou. Não bastasse todo o ocorrido, tínhamos agora outros problemas para resolver; o principal deles era como fazer para voltar para casa, uma vez que a chave do carro estava no fundo do lago e a reserva tinha ficado em casa. Já era quase meio-dia, quando lembramos da vinda do Coronel naquele dia. Nos deslocamos direto para um restaurante próximo, que ficava à margem do lago e, graças a uma conexão Wi-Fi do estabelecimento, tentamos contato telefônico com ele algumas vezes, mas nada. Chegamos a nos indagar se o Coronel já estaria na estrada. Continuamos tentando contato e finalmente conseguimos. Constatamos, para nossa sorte, que ele ainda não estava a caminho. Que alívio, solicitamos então que ele passasse na minha casa e, sem fazer alardes, pegasse a chave--reserva. Liguei para minha casa e avisei que ele passaria lá. Ufa, menos um problema, já tínhamos condução para a volta.

Almoçamos naquele restaurante e voltamos para o rancho. Naquela altura dos acontecimentos, não havia mais clima para se pescar. Decidimos, então, aguardar a chegada do Coronel. Ele chegou quase no final da tarde e foi recepcionado por todos nós com muita festa. Aquela noite foi de muita explicação, reflexão e conjecturas do que poderia nos ter acontecido. No outro dia, partimos cedo, e agora com o Coronel no nosso barco. É impressionante como aprendemos com os nossos próprios erros, e o quanto eles nos trouxeram de insegurança. O Dentista agora pilotava com mais cautela e ficava sempre atento ao acúmulo de água no barco. Aquele dia foi bem mais tranquilo, com alguns tucunarés pescados e, com isso, nos trazendo de volta a alegria de estarmos juntos entre amigos, compartilhando bons momentos junto à natureza.

Quando me lembro dessa aventura, sempre me vem à cabeça a importância de se avaliar as condições de segurança e, consequentemente, mitigar os riscos envolvidos numa embarcação. O que poderia ter acontecido se o motor do barco não tivesse morrido e continuasse em movimento com a gente por perto? E se a gente tivesse batido a cabeça no casco do barco desgovernado, quando nos atiramos para fora da embarcação? E se não tivéssemos conseguido nadar até a margem do lago, dado o momento de pânico pelo qual passamos? Felizmente esses "e se" não ocorreram e estamos aqui para contar mais essa história.

A "pesca da vida", aqui, nos ensina, mais uma vez, que é mais do que uma aventura de pesca. É uma história de superação, aprendizado e valorização da vida. A partir do relato do perigo vivido, essa experiência nos convida a refletir sobre a importância da segurança: avaliando riscos antes de qualquer atividade, especialmente em ambientes naturais, tomando decisões conscientes, agindo com cautela e ponderação para evitar situações perigosas; da responsabilidade: adotando sempre medidas preventivas, como o uso de equipamentos de segurança e medidas de precaução; e, finalmente, do companheirismo: valorizando as amizades, pois o apoio e a colaboração entre amigos são essenciais para superar desafios.

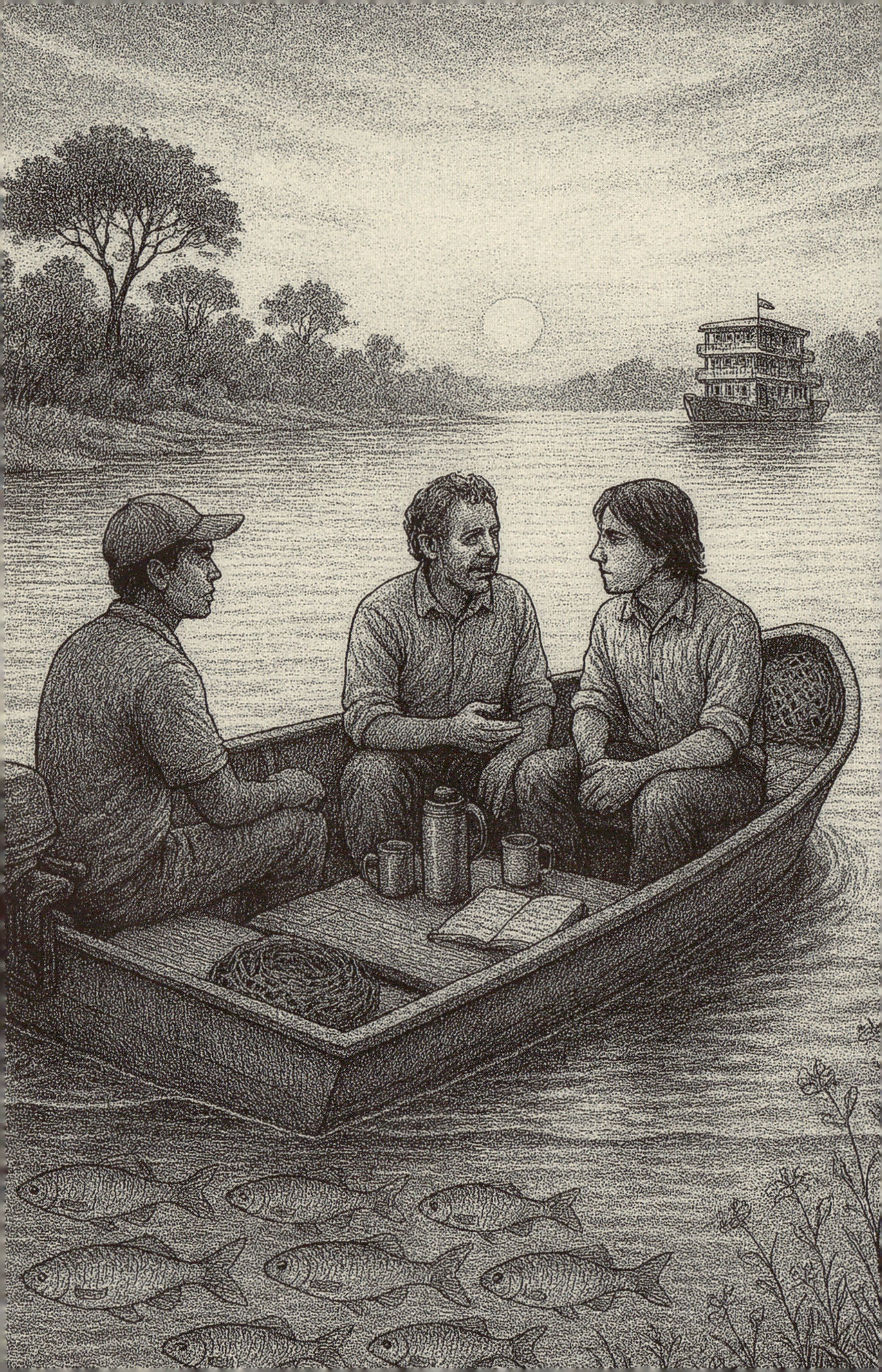

Revelação

A revelação é o processo de tornar visível o que estava oculto, iluminando verdades que ampliam nossa compreensão do mundo. Ela é um convite ao desconhecido, uma jornada que nos apresenta algo novo e nos transforma. Revelações podem acontecer de forma gradual ou abrupta, como uma descoberta científica, uma confissão pessoal ou um *insight* espiritual. Independentemente da forma, a revelação nos coloca em contato com algo maior do que nós mesmos, desafiando nossas certezas e expandindo nossos horizontes. Cada revelação tem o poder de nos impactar de maneira profunda, mudando a forma como vemos e vivemos. Elas desafiam nossas crenças, alteram nossa percepção e nos impulsionam ao crescimento pessoal. O processo de revelação pode trazer tanto alegria quanto dor, mas sempre provoca uma expansão da consciência, levando-nos a questionar e refletir sobre o que sabíamos antes. Ao longo de nossa vida, vivenciamos essas experiências que, em vez de nos enfraquecerem, nos tornam mais fortes e mais bem preparados para o futuro. Essas revelações nos fazem transcender o superficial e nos convidam a explorar a essência da realidade. Elas nos motivam a buscar um significado mais profundo e nos ajudam a descobrir quem realmente somos, além das aparências. Em última análise, a revelação não só amplia nossa visão de mundo como também nos move em direção a algo extraordinário, motivando-nos a evoluir e a encontrar nosso verdadeiro propósito.

Vivenciei essa experiência numa pescaria que fizemos no rio Araguaia, em setembro de 2012, a bordo de um barco-hotel, durante quatro dias e três noites, partindo de Luiz Alves (GO), descendo o rio até a boca da ilha do Bananal no entroncamento com o rio Javaés. A ilha do Bananal é a maior ilha fluvial do mundo, localizada no estado do Tocantins. É formada pelo rio Araguaia e uma bifurcação dele, o rio Javaés. A paisagem natural da ilha é resultado do encontro entre a Floresta Amazônica e o Cerrado. Os moradores da ilha do Bananal são principalmente indígenas das etnias Karajá (que ocupam aldeias às margens do rio Araguaia, como Santa Isabel do Morro, Fontoura, Macaúba, Mirindiba, Tytema, JK, Itxalá, Axiwé e Watau), Javaé (um dos povos indígenas mais presentes na ilha) e Avá-Canoeiro (um grupo de indígenas que vive isolado na "Mata do Mamão", uma floresta no centro-norte da ilha).

Éramos doze aventureiros, entre eles: eu, Belo, Toni Dias, Toni Piloto (*in memoriam*), Consultor, Cabeção, Careca e Poeta. Poeta é mais um irmão que a vida me presenteou. Torcedor do Goiás e do Botafogo de Marinho, Jairzinho e Mendonça; joga *squash* quando o seu joelho permite, aprecia pão com manteiga, café com leite, vinho e uísque. Casado pela segunda vez, é pai de três filhos e tem três netos, enfim, uma família linda. Além de poeta, é advogado, especialista em direito digital, escritor, compositor de músicas belíssimas, cantor, detentor de uma cultura invejável. Ama Portugal e, nessa ocasião, me revelou ser também um grande pescador e contador de histórias.

Essa pescaria nos proporcionou dias memoráveis, com muita ação e contemplação da natureza durante o dia e cantorias e trucos à noite. Como já é sabido, normalmente nas nossas excursões, já no primeiro dia, definimos as duplas de pescadores, bem como seus respectivos piloteiros, para toda a temporada. Dessa vez resolvemos inovar. A cada saída, mudávamos de parceiro, de tal maneira que, ao final dos quatro dias, pescaríamos com praticamente todos os integrantes do grupo. Lembro-me bem de que, no terceiro dia pela manhã, saí para pescar com o Poeta e o Caçula pilotando o barco. O dia estava lindo, com um céu azul sem nuvens, bastante ensolarado, e com o rio rodeado de ilhas e praias de areia branca. Durante o trajeto da busca por um bom ponto de pesca, conversamos muito sobre natureza, vida e família. Enquanto eu enaltecia o fato e a bênção de ter encontrado na vida a minha morena, foi nesse cenário paradisíaco que o Poeta me revelou seu amor pela sua esposa e companheira, Leninha. Não consigo aqui descrever a beleza e a sutileza de tudo o que ouvi, mas aquelas palavras me marcaram bastante; afinal, uma declaração de amor é a expressão sincera e profunda do sentimento que alguém nutre por outra pessoa. Não se limita a belas palavras, pois exige coragem, honestidade, disposição de expor o próprio coração e o desejo de compartilhar a própria alma. Em resumo, uma declaração de amor é um ato poderoso, que transcende palavras e toca a alma de quem ama e de quem é amado. É uma maneira autêntica e profunda de demonstrar o que sentimos por alguém. Nesse ato, reconhecemos não só as virtudes, mas também as imperfeições da pessoa amada, aceitando-a por completo e mostrando que ela tem um valor único em nossa vida.

Momentos depois, avistamos uma enorme mancha preta se movendo vagarosamente a uns 100 m à nossa frente. Era um cardume de piaus. Não é conversa de pescador, não. Sem exagero nenhum, eram milhares, nunca tinha visto algo parecido. O mais curioso é que jogávamos a linha no meio deles e, como resposta, não recebíamos o menor apreço pelas nossas iscas. Mas para que fisgá-los, não é mesmo? Naquela altura do campeonato, depois de ouvir e ver tudo aquilo durante a manhã, a minha alma já se encontrava saciada e bem alimentada. Agora era a hora de alimentar o nosso próprio corpo físico. Voltamos ao barco-hotel para o almoço.

Um cardume de piaus é uma cena de pura sincronia e beleza nos rios. Com escamas prateadas que refletem tons de verde e pontos escuros ao longo do corpo, esses peixes deslizam juntos, formando um movimento contínuo que parece coreografado. A união do grupo cria um efeito quase hipnotizante, e, a cada mudança de direção, todos giram em harmonia, respondendo ao menor sinal de perigo ou à movimentação ao redor. Esse reflexo prateado cintilante, realçado pelo sol ou pela transparência da água, faz com que o cardume pareça uma nuvem brilhante e viva, deslizando pelo rio. Em águas cristalinas, esse espetáculo é ainda mais intenso, permitindo ver os detalhes de cada piau em sua dança natural, uma demonstração instintiva de proteção e sobrevivência. É um peixe de porte médio, que pode chegar a medir cerca de 50 cm de comprimento e pesar até 2 kg.

Podemos afirmar que essa aventura foi repleta de muita diversão, com belas capturas de peixes, juntamente com o convívio de grandes amigos. Ela também ficou marcada por um fato inusitado, inesperado e engraçado. Passados alguns dias após a temporada, o Poeta me revelou um acontecimento ocorrido com ele e o Cabeção no último dia de pesca, já de volta a caminho de Luiz Alves.

Segundo o Poeta, naquela manhã eles haviam deixado o barco-hotel logo cedo, por volta de 6h, já subindo o rio. Pescaram a manhã toda; relata ele que havia fisgado e soltado um douradinho besta, mas estava bastante orgulhoso, como se tivesse sido uma pirarara. Quando estavam voltando para o almoço, rio acima, com fome, cheios de cerveja e muito animados, repentinamente surgiu a bombordo e a sotavento um outro barco, com o motor quase afundando, lotado de "garotas de programa" indo para uma função logo adiante, na margem esquerda de quem sobe. O piloteiro cafetão estava desesperado, com o barco quase fazendo água.

— Dá pra dar uma força aí, parceiro? — perguntou o piloteiro.

Trata-se de uma rotina naquela região. Os piloteiros costumam se ajudar na guerra contra o rio. Emparelharam, então, os dois barcos e três garotas passaram para o do Poeta. Como eram gordinhas, a outra canoa saiu da linha d'água e eles perceberam certo alívio das colegas. Chegariam secas na função!

— Nossa, que dentes bonitos — disse a líder das três se dirigindo ao Poeta. — São seus, mesmo?

O Poeta relembrou que ficou um pouco ofendido com aquela abordagem. Sentiu que, ao buscar o melhor que havia nele, foi logo nos seus dentes. Dizia ele: "Os dentes que vão estar aqui quando eu já tiver ido".

Segundo o Poeta, durante o percurso, as garotas se justificavam do ocorrido.

— A gente tava indo prum acampamento ali na loca, mas foi entrando carona, carona, carona, quando vi, menino, o barco tava transbordando de garotas, rsrs. E a gente nem sabe nadar — explicou a líder, sem precisar.

— Vocês são de São Paulo? — perguntava uma delas.

O fato é que, com muita simpatia, os anfitriões deram muita corda para elas, falaram muita bobagem. De acordo com o Poeta, o Cabeção proseava mais, como sempre. Ele afirma que toda aquela conversa deu margem a insinuações de aproximação, por parte delas, ao longo do caminho. Dizia ele: "garotas de programa não costumam perder a viagem, mas é claro que não dava". Deixaram, então, as garotas na margem esquerda do rio e voltaram para os dourados e pirararas que, essas sim, sabem nadar.

De lá para cá, por diversas vezes, em conversa com o Cabeção, ele afirma que tudo não passa de história de pescador do Poeta e que nada disso aconteceu. Com essa ressalva, ficam duas certezas: a primeira é a do desejo de continuar pescando sempre com meus amigos, e a segunda é a de que nunca vou saber da verdade dos fatos ocorridos naquela última manhã de pesca. Mas isso é o que menos importa, não é mesmo? O que vale realmente são as vivências, aprendizados e memórias que ficam para se contar. No fundo, essas histórias, misturadas entre o real e o imaginário, são a prova de que o valor está na jornada e nas lembranças que continuamos a carregar e a contar. São esses momentos que se transformam em um legado pessoal, que transcendem o tempo e as certezas, criando histórias para serem recontadas com um brilho nos olhos. E que assim seja, sempre!

No contexto da "pesca da vida", essa jornada de pesca no rio Araguaia em 2012 se transformou em uma metáfora profunda e rica sobre as descobertas e experiências que acumulamos ao longo da vida. Cada elemento da viagem reflete aspectos essenciais do nosso caminho: as revelações pessoais, os encontros inesperados e as lições silenciosas que a natureza nos ensina.

A revelação do Poeta sobre seu amor pela esposa, em meio a uma paisagem serena, representa os laços que criamos e o significado que eles trazem para nossa existência. Assim como na vida, essas revelações surgem inesperadamente e nos recordam do que de fato importa: amor, compromisso e autenticidade. A contemplação do cardume de piaus simboliza o poder de enxergar a beleza e harmonia em momentos simples e naturais, destacando a necessidade de apreciar cada fase do caminho. Esses peixes, movendo-se juntos e em sincronia, evocam a importância de estar em comunhão com o que nos rodeia, de encontrar sentido no coletivo e de respeitar a harmonia que a vida pode nos proporcionar.

No último dia da expedição, o encontro inesperado com o barco sobrecarregado de acompanhantes representa os imprevistos que surgem e nos desafiam a sermos flexíveis e solidários. É o lembrete de que na "pesca da vida" sempre haverá situações que fogem ao nosso controle, exigindo compaixão e entendimento de que todos compartilham a mesma luta contra as correntezas da vida.

Essa viagem ao Araguaia me presenteou com uma experiência profunda, proporcionando mais um período de aprendizagem, conexão e reflexão na "pesca da vida", em que cada momento, desde as declarações íntimas até as cenas humorísticas, contribuíram para a formação de um legado pessoal. Ela nos convida a navegar com sabedoria, paciência e gratidão, cientes de que, como pescadores na vida, colhemos mais do que peixes. Colhemos memórias, vínculos e lições que nos definem.

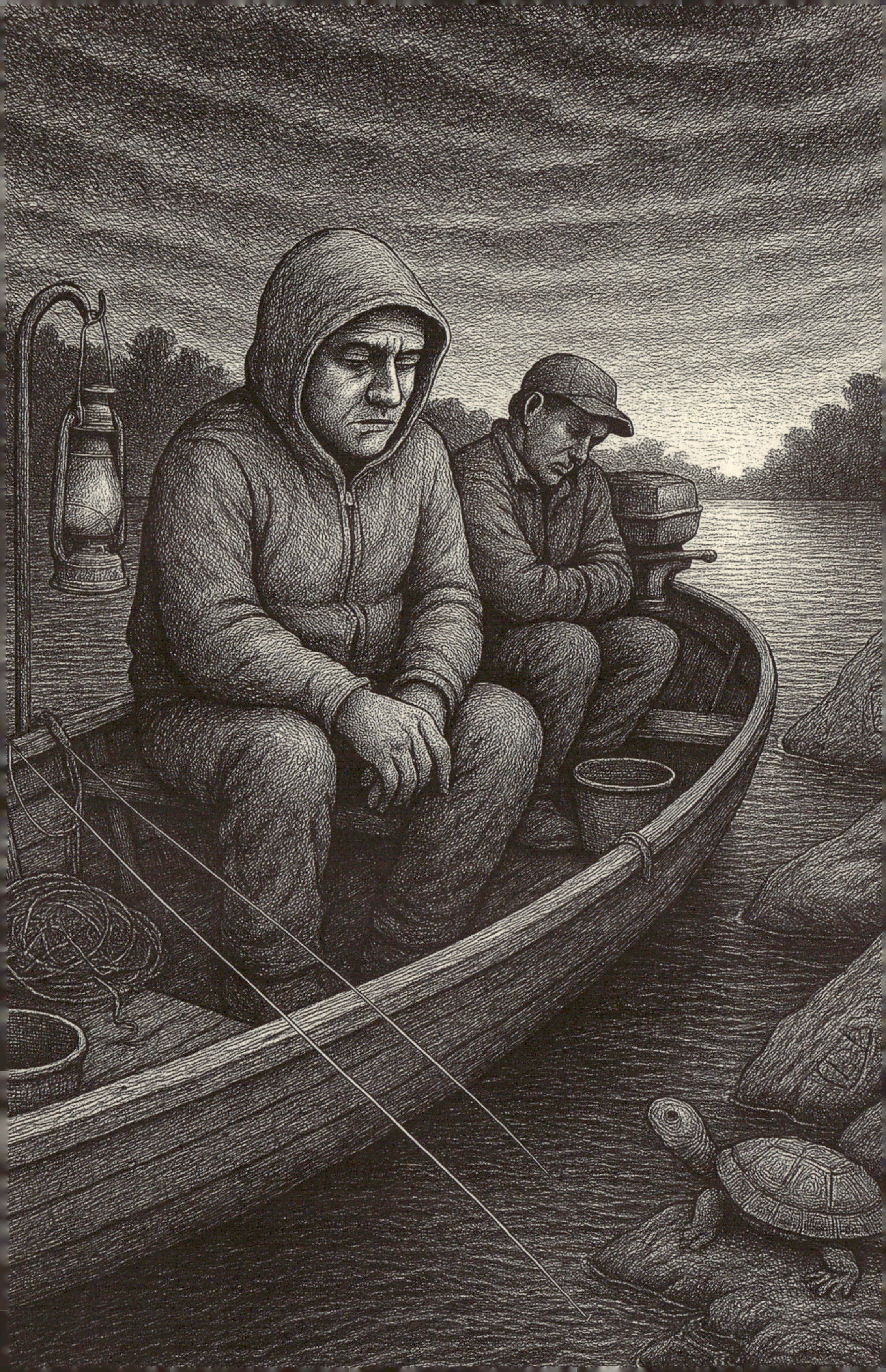

TÉDIO

O tédio é um estado de vazio mental, em que a mente se vê sem foco, motivação ou propósito. Surge quando a rotina se torna monótona ou quando os estímulos externos deixam de ser suficientes para nos envolver. Esse sentimento pode ser comparado a uma pausa involuntária na vida, quando nada parece interessante ou digno de atenção. A falta de novas experiências ou desafios contribui para o surgimento do tédio, que pode afetar nosso humor e energia. Ele é vivido de formas variadas, dependendo de cada pessoa, seu estado emocional e o contexto em que se encontra. Para superá-lo, é importante buscar atividades que despertem o interesse e proporcionem algum tipo de prazer, como *hobbies*, aprendizado ou momentos de lazer. Essas experiências nos ajudam a sair da estagnação, trazendo um novo sentido de propósito. O tédio pode ser visto como um sinal de que estamos desconectados de nossas paixões ou que estamos sendo excessivamente influenciados pela rotina. Ao buscar alternativas para sair desse estado, podemos encontrar maneiras mais produtivas de lidar com a falta de estímulo e reconectar com aquilo que realmente nos motiva. Assim, o tédio deixa de ser um obstáculo e passa a ser uma oportunidade para refletir sobre nossas necessidades e vontades.

Acredito que tenha sentido tédio numa pescaria que fiz com o grupo "Pingararas", a convite do meu amigo e líder do grupo: o Belo, nos rios Sete de Setembro, Coluene e Xingu, todos no Mato Grosso, em julho de 2013. O nosso destino era uma pousada situada em Canarana (MT), às margens do rio Sete de Setembro, a 960 km de Brasília. Para que o leitor possa se situar na relação entre esses rios, vou tentar explicar: o rio Coluene é um afluente do rio Xingu, e o rio Sete de Setembro é um afluente do rio Coluene. Portanto, a relação entre os três é de afluência. Essa relação é comum em sistemas fluviais, em que rios menores se juntam a rios maiores, formando uma rede complexa de cursos d'água. A região é muito rica em variedade de espécies de peixes, incluindo tucunaré, pintado, cachorra, piranha, jaú, traíra, trairão e dourado.

 O grupo era composto de oito pescadores, e, dessa vez, o meu parceiro era o Cabeção. Para essa aventura, a esposa do Cabeção nos havia cedido gentilmente seu carro, que era um Mitsubishi Pajero TR4, recém-adquirido, e que achávamos ser um 4x4, ideal para trilhar melhor as eventuais adversidades de um caminho que ainda não conhecíamos. Só fomos perceber que era um veículo 4x2 no momento da nossa saída. Partimos numa manhã bem cedo, e o plano de viagem era pernoitar em Barra do Garças (MT), que fica a uns 560 km de Brasília. O segundo trecho da viagem consistia em ir até Canarana, que dista 326 km de Barra do Garças, e, por último, mais 73 km de estrada de chão até a pousada. A viagem, nos seus três trechos, transcorreu tranquila, sem nenhuma ocorrência e, conforme o planejado, chegamos a tempo para o almoço. Na parte da tarde, já na pousada e fissurados por uma pesca, fomos eu, Cabeção e nosso piloteiro fazer um reconhecimento da área no rio Sete de Setembro; durante esse percurso conversamos muito sobre a região, bem como tomamos conhecimento de toda a programação prevista para a semana. À noite, fomos agraciados com um delicioso jantar de boas-vindas, quando, então, tivemos uma confraternização entre o grupo "Pingararas" e todos os funcionários da pousada.

 O Alto Xingu, no coração da Amazônia, é onde o rio Xingu nasce, ainda jovem e vigoroso, em meio à mata densa e a uma rica biodiversidade. Suas águas cristalinas cortam a floresta, abrigando uma miríade de peixes, aves coloridas e mamíferos que cruzam a mata. A região é lar de diversos povos indígenas, como os Kayapó, Suyá, Juruna e Xingu, que guardam seus costumes e tradições milenares, em harmonia com a natureza. O Alto Xingu é um território sagrado, de beleza inigualável, onde a floresta e o rio se entrelaçam em um ciclo de vida e energia. A pesca artesanal e a coleta de frutos são atividades tradicionais, e a cultura indígena, rica em cantos, danças e rituais, é parte essencial da história da região. Apesar de sua importância, o Alto Xingu enfrenta ameaças como a expansão da fronteira agrícola e a exploração de recursos naturais, o que coloca em risco a cultura indígena e a preservação ambiental da região.

O rio Coluene, um afluente do Xingu, é um importante curso d'água que serpenteia pela Amazônia, desempenhando papel crucial na cultura e na vida dos povos indígenas que habitam suas margens. Com um curso sinuoso e extenso, o Coluene é um rio de porte médio, característico da região, com águas barrentas devido à grande quantidade de sedimentos que carrega. Seu volume de água varia com o ritmo das chuvas, típico de um regime pluvial. A rica biodiversidade do rio abriga uma variedade de espécies de peixes, além de mamíferos aquáticos, aves e répteis. A pesca é uma atividade tradicional fundamental para as comunidades ribeirinhas, que dependem do rio para obter água, alimento e transporte. A beleza natural da região, com paisagens exuberantes e rica cultura indígena, oferece um grande potencial turístico. No entanto, o rio enfrenta desafios como o desmatamento, a poluição por agrotóxicos e a construção de hidrelétricas, que ameaçam sua fauna e flora aquática. A preservação do rio Coluene é crucial para a proteção da biodiversidade e para a perpetuação da cultura e história dos povos indígenas, que o consideram um bem precioso.

O Sete de Setembro, um afluente do Coluene, é um rio de águas claras que serpenteia por mais de 600 km, nascendo no coração da Amazônia, na região do Alto Xingu, próximo ao Parque Indígena do Xingu, especificamente na serra do Roncador. Seu curso é marcado pela rica biodiversidade da Floresta Amazônica, com uma vegetação exuberante e uma fauna abundante, com espécies de peixes, aves, mamíferos e répteis. O rio é crucial para a vida das comunidades indígenas da região, que utilizam suas águas para pesca, agricultura e transporte. A região do Sete de Setembro é também um ponto turístico, com atrações como cachoeiras e paisagens espetaculares, atraindo aventureiros e amantes da natureza. O rio, com sua beleza e importância para a região, enfrenta ameaças como o desmatamento, a mineração e a construção de hidrelétricas, que colocam em risco a sua integridade e a vida das comunidades locais.

Foram dias maravilhosos, cercado de amigos, com muita prosa e absorção de conhecimentos da rica cultura da região, como culinária, artesanatos locais e variedades de estilos de pesca. Foi lá que conheci a entrada do Parque Nacional do Xingu, onde adquiri uma linda tapeçaria com desenhos de peixe e um móbile em formato de espiral, ambos feitos de palha local e confeccionados pelos próprios índios. Pesquei de várias formas: de rodada, de fundo, de superfície, de dia, de noite, enfim, isso resultou numa quantidade de peixes variados. Mas o maior troféu mesmo foi ter pescado o meu primeiro trairão.

O Parque Nacional do Xingu foi criado em 1961 para proteger os povos indígenas e sua rica biodiversidade. Lá habitam cerca de dezesseis grupos étnicos e mais de vinte mil pessoas. Ele foi demarcado com uma área de 26.738 km² de florestas tropicais, fauna e flora vibrantes. É Patrimônio Mundial da Unesco desde 1986, vital para a conservação da biodiversidade e da cultura. Um destino turístico popular para atividades como caminhadas, passeios de barco e contato com a cultura indígena, bem como um oásis natural e cultural a ser preservado para as futuras gerações. Já o meu troféu, o trairão, é um peixe de escamas maior que a traíra, como o seu próprio nome sugere. O trairão é um peixe predador imponente, conhecido por sua mandíbula forte em formato de U e com dentes afiados o suficiente para capturar suas presas. Possui corpo cilíndrico, e sua coloração é quase negra no dorso, com flancos acinzentados e o ventre esbranquiçado. Possui um comportamento solitário. Pode atingir 20 kg e alcançar mais de 1 m de comprimento. Encontrado em rios de grande porte, ele é um dos maiores peixes de água doce do Brasil e um desafio emocionante para os pescadores esportivos. Sua carne saborosa também o torna um prato apreciado na culinária.

A temporada teria sido perfeita se não tivéssemos a ideia de pescar à noite. Como, por questões de segurança, a pousada não permitia navegação noturna, o plano era passar o dia pescando e virar a noite apoitado na boca do Parque Nacional do Xingu. Naquele dia, lembro-me de termos pescado de manhã no rio Coluene e almoçado em uma ilha, rio abaixo, antes da confluência com o rio Xingu. Almoçamos todos juntos uma peixada deliciosa. Após o almoço, descansamos um pouco e partimos para o segundo tempo. Aquela tarde foi bastante produtiva, com muita ação e alguns pintados e piranhas capturados. O pintado é um peixe de couro acinzentado, ostenta um corpo alongado e roliço, salpicado por inúmeras pintas pretas. Seu ventre é esbranquiçado, contrastando com o dorso escuro. Sua cabeça, larga e achatada, compõe quase um terço do seu tamanho total, adornada por longos barbilhões que pendem como bigodes. Apresenta ferrões afiados nas nadadeiras laterais e dorsal e pode atingir tamanhos impressionantes, chegando a 100 kg e quase 2 m de comprimento. É bastante apreciado por sua carne saborosa.

No cair da tarde, o Cabeção alegou cansaço e desistiu da aventura noturna, solicitando voltar para ilha, onde descansaria e dormiria junto com outros integrantes do grupo. Como na minha cabeça já havia florescido a expectativa de uma pescaria diferente e inédita no meu currículo, decidi continuar o planejado, lamentando muito a ausência do nosso companheiro. E assim foi feito: o deixamos na ilha e partimos, eu e o piloteiro, para uma aventura até então única na minha vida. Ao chegar na região onde iríamos passar a noite, lembro-me de termos nos deparado com três indígenas numa embarcação, alegando estarem pescando tracajá e nos pedindo alguns anzóis. Me recordo de ter me indagado o porquê de estarem pescando ali, quando possuem um parque gigante só para eles, no qual nós não podíamos pescar. O tracajá é uma espécie de cágado bastante comum na Amazônia. Ele vive cerca de noventa anos e pode chegar a 70 cm de comprimento e 40 kg. É muito consumido na região, tanto os ovos quanto os filhotes e adultos.

Veio a noite, e com ela um céu encoberto de nuvens, trazendo um vento frio que nos descortinava momentos de desconforto. Era um silêncio absoluto. Não havia mais embarcações ao redor nem pássaros voando no céu. Apoitamos o barco num local de águas calmas e lançamos nossas linhas na expectativa de capturar grandes troféus. O tempo foi passando sem nenhuma ação e a única coisa que rompia o silêncio eram esporádicas indagações que eu fazia ao piloteiro quanto a alguma curiosidade que tinha. Sem parceiro para prosear, sem estrelas para olhar e sem peixes para fisgar, certamente o tédio havia de chegar. Não tínhamos saída, permaneceríamos ali até o amanhecer, pois não podíamos navegar à noite. Foram horas e horas de espera, de frio e de frustração. Parecia que aquele momento não ia terminar nunca. Quando o dia finalmente clareou, voltamos para a ilha desmotivados e esgotados física e mentalmente.

O tédio na "pesca da vida" é como um período de seca em um rio abundante: representa o "vazio" que, às vezes, nos invade. É uma fase que pode ser superada com a busca por novas aventuras, o cultivo de relacionamentos e o desenvolvimento de novas habilidades. A vida, como uma boa pescaria, nos exige "ação", "conexão" e "busca por novos horizontes". Reconhecer os momentos de "vazio" e "recomeçar a pescar" com mais entusiasmo é fundamental para manter a linha da vida "esticada" e continuar a "fisgar" as melhores experiências.

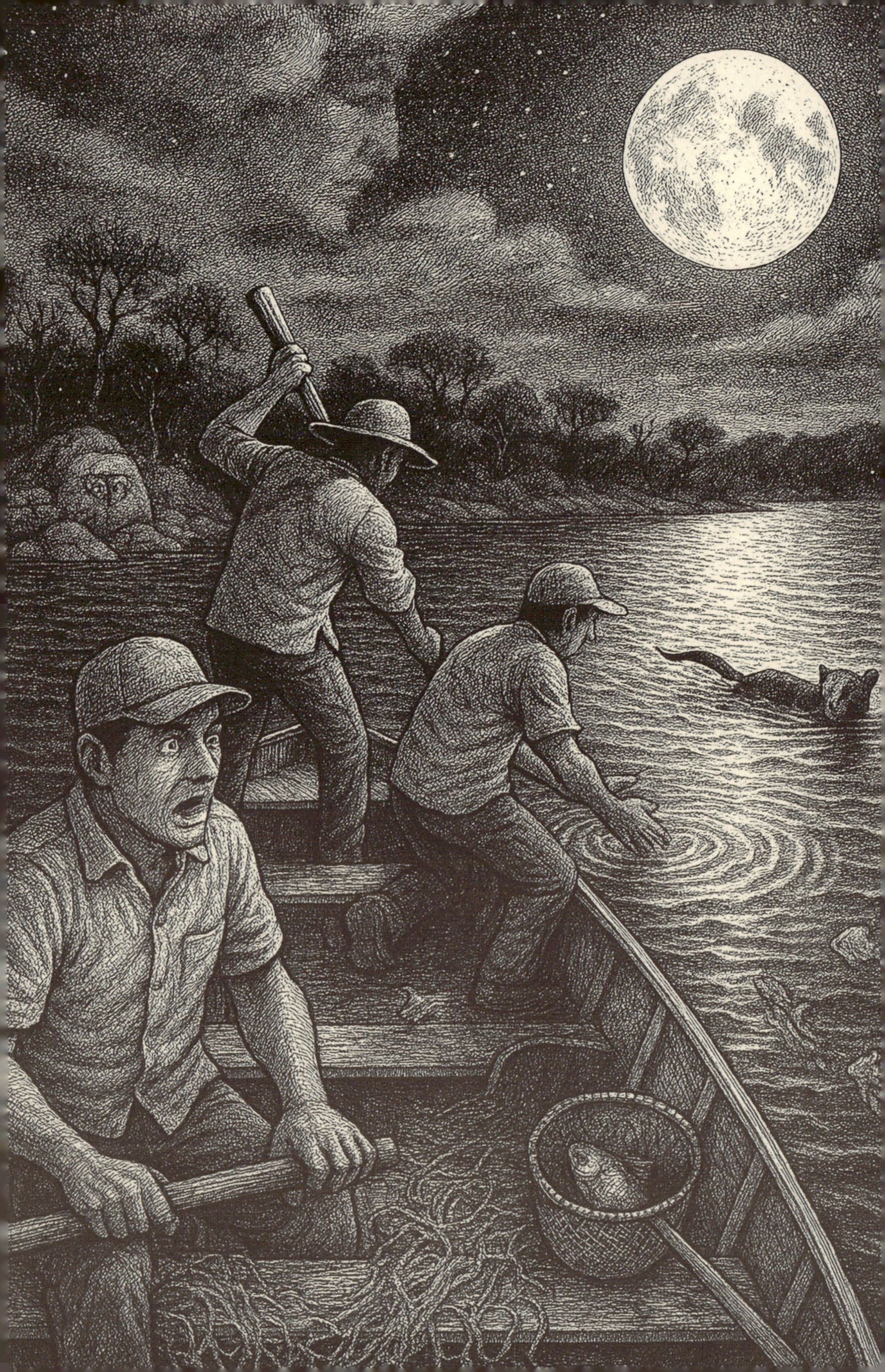

MEDO

O medo é uma resposta emocional instintiva, desencadeado quando percebemos uma ameaça à nossa segurança. Ao enfrentar situações perigosas, nosso cérebro reage rapidamente, liberando hormônios, como a adrenalina. Essa reação prepara o corpo para responder ao perigo com a ação de lutar ou fugir, ajustando nossos batimentos cardíacos e nossa atenção. Esse mecanismo de defesa é essencial para nossa sobrevivência, pois nos protege de possíveis danos físicos, emocionais ou psicológicos. O medo nos alerta e nos faz tomar medidas para evitar situações de risco. No entanto, ele pode se tornar um problema quando é excessivo ou irracional, causando ansiedade e estresse constantes. Esse medo desproporcional pode afetar a saúde mental, tornando difícil lidar com desafios cotidianos. É importante reconhecer quando o medo se torna paralisante e buscar formas de controlá-lo. Com autoconhecimento e técnicas adequadas, podemos aprender a gerenciar essa emoção, permitindo que ela seja uma ferramenta útil, sem que nos domine. O enfrentamento saudável do medo contribui para o equilíbrio emocional e a melhoria da qualidade de vida.

Já vivi várias situações de medo em minhas pescarias. Uma delas ocorreu no segundo semestre de 2014, no lago de Serra da Mesa (GO). Naquele ano, por meio do Índio, conheci o Piauí, proprietário de um rancho à margem do lago, e o Niqui, que, além de administrar aquela propriedade, adorava pescar. Niqui é nativo da região de Niquelândia (GO) e conhece como ninguém aquela área, pois sua família era proprietária de terras no seu entorno antes mesmo de o lago se formar. Uma pessoa muito hospitaleira e sempre preocupada em nos atender. Niqui também era piloteiro, e foi pescando com ele que descobri que tínhamos afeições em comum, uma delas era pescar à noite. Me recordo de que, naquele ano, pescamos em cinco oportunidades, sempre em períodos de lua cheia.

O lago de Serra da Mesa, também conhecido como lago da UHE Serra da Mesa, é um dos maiores lagos artificiais do Brasil, localizado no norte de Goiás, próximo à divisa com Tocantins. É cercado por uma paisagem exuberante, com serras, cachoeiras, ilhas e uma rica variedade de fauna e flora. A água cristalina e o céu azul criam um cenário paradisíaco. É um local ideal para amantes da natureza e aventuras. Para os pescadores, a emoção está garantida com a pesca esportiva de diversas espécies, como a bicuda, apaiari, traíra, piranha, corvina, jacundá, peixes de couro e, é claro, o famoso tucunaré, amarelo ou azul, que atrai pescadores de todo o país. A água alcalina do lago, além de garantir a beleza cristalina, também contribui para um ambiente mais tranquilo, livre de mosquitos e outros insetos, tornando a experiência ainda mais agradável.

Certa vez, saímos eu, Índio e Niqui à noite para pescar corvina. Eu aprecio a pesca noturna, porque, diferente da pesca diurna, ela é mais refrescante e silenciosa, sem falar do céu, que se veste de um manto escuro e estrelado, e a lua cheia lança seus raios de luz sobre o lago, transformando a água em um espelho infinito.

A corvina é um peixe de porte médio, tendo um comprimento de 20 a 40 cm, podendo chegar a 60 cm e pesar de 1 a 5 kg. É um verdadeiro camaleão, adaptando-se com maestria tanto à água salgada quanto à doce. Seu corpo alongado e elegante, revestido por escamas prateadas com um toque azulado, revela um brilho único sob a luz do sol. A cabeça, relativamente pequena, abriga uma boca inclinada para cima, armada com uma impressionante quantidade de dentes pequenos, curvos e pontiagudos, que são adaptados para capturar e consumir alimentos como crustáceos, insetos e pequenos peixes. Durante a época de reprodução, as corvinas produzem sons semelhantes a um roncar, para atrair os indivíduos da espécie para um mesmo local de desova. Conhecida por vários nomes, como cruvina, pescada-branca e pescada-do-Piauí, a corvina é um peixe apreciado por sua carne saborosa e delicada, que conquista paladares em diversos pratos. Na pesca esportiva, sua força e resistência a tornam um oponente desafiador, proporcionando adrenalina e emoção aos pescadores.

Naquela noite, reinava um silêncio absoluto. Dizem por aí que um bom pescador ouve até o silêncio, ou seja, não apenas escuta, mas sente cada sussurro, cada vibração, porque sabe que até a mais tênue alteração na água pode ser o sinal de um cardume se aproximando. Já tínhamos pegado algumas corvinas e três piranhas-pretas grandes que me renderam um pequeno prejuízo, pois puíram a rede do meu puçá ao capturá-las. A piranha-preta ou piranha de olhos vermelhos é um peixe de água doce, carnívoro. Possui mandíbulas salientes, olhos avermelhados brilhantes e dentes triangulares afiadíssimos. Pode alcançar os 40 cm de comprimento, sendo considerada a maior e mais agressiva de todas as espécies de piranha.

Já passava das nove horas da noite e estávamos bem tranquilos e satisfeitos com o resultado da pescaria, quando o Niqui nos indagou sobre um movimento atípico atravessando o lago a uns 500 m de nós. Ao fixarmos nossos olhares sobre o que estava se movimentando, constatamos que se tratava de uma onça, e das grandes. Sim, a claridade proporcionada pela lua cheia não nos deixava dúvidas, dava para ver nitidamente sua silhueta com a cabeça e o rabo em pé para fora d'água. Nesse momento, o Niqui teve a ideia de ligar o barco para se aproximar dela, ideia que, é evidente, foi imediatamente rechaçada por mim e pelo Índio. Mas não parou por aí. De repente, e do nada, ela mudou o rumo do seu nado e veio em nossa direção. Não sei bem como descrever o estado emocional de que fui tomado naquele instante: inquietação? Insegurança? Ansiedade? Pânico? Medo? É um turbilhão de coisas que vem à cabeça. Haja adrenalina. Percebendo que a onça estava determinada em seguir o seu trajeto, não me recordo bem se foi o Índio ou o Niqui que começou a bater o remo do barco na água, empreendendo bastante agitação e barulho, o que instantaneamente foi acompanhado por mim, fazendo o mesmo movimento com as minhas próprias mãos. Coincidência ou não, a partir desse momento, o fato é que ela desistiu de seguir em frente e voltou ao seu curso inicial, ou seja, em direção à margem do lago. Ficamos observando atentos para ter a certeza de que ela havia ido embora mata adentro. Depois de reestabelecida a calma e a normalidade, tentamos voltar a pescar, mas não havia mais clima, não era mais a mesma coisa. Retornamos para casa com mais essa história para contar. Meses depois, ao voltar ao mesmo rancho para mais um final de semana de pesca, fomos informados pelo pessoal da vizinhança de que uma onça com um filhote havia sido avistada naquela região. Até hoje me pergunto o que realmente pode ter acontecido, a ponto de ela ter mudado de ideia e, consequentemente, o curso dessa história. Teria ela, estando grávida, se sentido ameaçada por nós? Nunca teremos essa resposta.

Aquele encontro com a onça no lago de Serra da Mesa, sob a luz da lua cheia, foi um momento que gravou na minha memória um sentimento visceral, quase inominável. Foi uma mistura de inquietação, insegurança, ansiedade, medo e pânico, um turbilhão de emoções que me dominou, fazendo a adrenalina correr pelas minhas veias a mil. A onça, imponente e determinada, rompendo a tranquilidade da noite, simbolizou um perigo real, tangível, que me colocou cara a cara com a fragilidade da vida.

Essa experiência, além do medo, trouxe uma nova dimensão à "pesca da vida". A pesca, que antes era sinônimo de prazer e desafio, passou a carregar consigo a consciência da força bruta da natureza, de como a vida e a morte caminham lado a lado em um ciclo que o homem não controla. A partir daquele momento, jamais olharia para o lago da mesma forma. A beleza serena da noite, antes um cenário acolhedor, agora se transformou em um palco onde a força da natureza se manifestava em sua grandiosidade e imprevisibilidade.

A onça, que me fez vivenciar o medo em sua forma mais pura, me tornou mais atento, mais respeitoso com o ambiente que me cerca. Aprendi, naquele encontro, a admirar mais a natureza em sua totalidade, com todas as suas belezas e perigos, e a compreender que a vida é um presente precioso que deve ser preservado. A pesca, para mim, jamais foi a mesma. A adrenalina da luta com um peixe se misturou para sempre à lembrança da onça, um lembrete da força e da fragilidade da vida.

A "pesca da vida" é uma metáfora que reflete a busca contínua pelo equilíbrio entre os prazeres e os desafios que a vida apresenta. Assim como na pesca, em que cada saída é uma nova aventura repleta de possíveis surpresas, na vida cada dia traz o desconhecido, requerendo preparo, coragem e sabedoria para lidar com o inesperado. A experiência com a onça reforça a importância de respeitar o ambiente ao nosso redor e de reconhecer nossos próprios limites diante das forças naturais. Ela nos ensina que a vida é um equilíbrio delicado entre enfrentar nossos medos e encontrar alegria nos momentos de tranquilidade. Cada experiência, seja de sucesso ou de medo, acrescenta uma camada à nossa compreensão de tudo que nos cerca e de nós mesmos, moldando nosso caráter e nossa visão de mundo.

AMIGOS PESCADORES

Planejar e pescar antes de pescar

Planejamento

P escar em grupo é mais do que uma simples atividade, é uma troca de experiências e emoções repletas de momentos de companheirismo, aprendizado e, é claro, de muita prosa. É muito mais do que ter uma companhia num rio, lago ou mar. É uma estratégia, pois se conseguirmos unir os interesses, afinidades e metas comuns, certamente teremos mais histórias para contar. Para que essa empreitada coletiva tenha êxito, é fundamental definir os objetivos da aventura, a fim de se garantir o suporte necessário para o seu sucesso. Costumamos denominar isso de planejamento. É ele que faz uma pescaria prever bons resultados, antes mesmo de ela acontecer de fato. Porém, como em toda atividade coletiva, é preciso ter uma liderança, uma pessoa com habilidade de motivar, influenciar, inspirar e guiar um grupo de pessoas de modo a atingir objetivos em comum. Na prática, liderar vai muito além de comandar. Trata-se de inspirar, motivar, engajar e gerenciar as pessoas de um time.

Durante muitos anos pratico esse esporte coletivamente, convivendo com muitas lideranças, mas nenhuma delas se compara à do Comandante. Conheci-o no primeiro semestre de 2010, por intermédio de meu amigo Barroso, mas me aproximei mais dele quando tive o prazer de participar de uma pescaria do grupo "Amigos pescadores" no rio Paraná, em Ita Ibaté, Argentina, em março de 2019. Comandante é líder desse grupo desde 2008, o qual se reúne anualmente para a prática desse esporte, em várias regiões. Desde então, estamos juntos, e já pescamos nos rios

Paraná (Argentina), Urubu (AM), Cuiabá (MT), Piquiri (MT), São Lorenço (MT), Manso (MT) e Juma (AM).

O Comandante é goiano, nascido em Pires do Rio, flamenguista, casado, pai de dois filhos e analista de sistemas. Tem algumas características *sui generis*, a saber: não sabe nadar, não bebe, não fuma, não come peixe, mas adora pescar, é muito organizado e apresenta uma capacidade de liderança sem igual. Não é à toa que está à frente de um grupo, composto de dezenas de pescadores, há cerca de uma década e meia. Passados esses anos, desde que entrei no grupo, ainda me surpreendo com sua organização, zelo e paciência para com os seus liderados. Ele organiza tudo, administra um grupo de WhatsApp e um website do "Amigos pescadores", compilando registros, dando dicas, prospectando novos locais de pesca, negociando os pacotes, planejando a melhor logística, confeccionando as camisetas da próxima expedição, consultando os membros do grupo quanto às suas preferências, selecionando as duplas de pescadores para ocuparem os barcos e quartos conforme suas afinidades, realizando encontros de integração da equipe antes das pescarias, enfim, faz tudo isso com muita maestria. Normalmente, as pescarias do grupo "Amigos pescadores" são concebidas, decididas e planejadas com bastante antecedência, com o Comandante conduzindo todo o processo, do início ao fim, inclusive na administração financeira, em que é aberta uma conta poupança e cada pescador deposita sua cota de participação mensalmente.

Cada final de pescaria, nos convida para iniciar uma outra. Seja porque deu tudo certo e carece repetir a dose, ou porque algo deu errado e é necessário corrigir na prática. Não importa qual o motivo, é preciso uma desculpa para continuar a pescar e contar novos "causos", sempre que possível. Como se diz por aí: "Pescar é sempre bom, até quando é ruim".

Uma pescaria bem planejada é aquela que leva em conta o maior número de detalhes envolvidos, e isso é coisa séria. Parece simples, mas às vezes costumamos menosprezar alguns deles.

Existem muitas etapas a serem consideradas entre a decisão de ir pescar e o momento da pesca em si. O planejamento de uma pescaria é fundamental para garantir uma experiência segura, prazerosa e produtiva. É como compor uma música, em que cada detalhe se harmoniza para criar uma melodia perfeita. E é aí que entra em cena o nosso líder, assumindo um papel crucial no sucesso da expedição, conduzindo a equipe com maestria e garantindo que todos os detalhes se harmonizem. E para liderar com excelência, é fundamental que ele considere os seguintes tópicos no planejamento da pescaria:

1. **Definindo os objetivos comuns:**
   - **Reunião inicial:** organize uma reunião com o grupo para discutir os objetivos da pescaria, as expectativas de cada membro e definir metas em comum.
   - **Alinhamento e compromisso:** assegure que todos os participantes estejam alinhados com os objetivos da pescaria e comprometidos em trabalhar juntos para alcançá-los.
   - **Flexibilidade e adaptabilidade:** mantenha um plano flexível, pronto para se adaptar a imprevistos e mudanças nas condições do local de pesca ou nas preferências do grupo.
2. **Seleção do local e data:**
   - **Pesquisa e análise:** pesquise sobre os melhores locais de pesca na região, considerando a época do ano, a disponibilidade de peixes, as condições de acesso e as preferências do grupo.
   - **Fatores relevantes:** avalie fatores como clima, época de reprodução das espécies, regulamentações locais e infraestrutura disponível (alojamento, transporte etc.).
   - **Decisão consensual:** consulte o grupo e tome a decisão final sobre o local e a data da pescaria, considerando o consenso e as necessidades de todos.

3. **Formação da equipe e distribuição de tarefas:**
   - **Habilidades e experiências:** leve em consideração as habilidades e experiências de cada membro do grupo ao distribuir as tarefas e responsabilidades.
   - **Comunicação clara:** comunique claramente as expectativas e as responsabilidades de cada membro, garantindo que todos estejam cientes de suas funções.
   - **Trabalho em equipe:** promova o trabalho em equipe, incentivando a colaboração, o respeito e a comunicação aberta entre os membros do grupo.

4. **Equipamentos e suprimentos essenciais:**
   - **Lista detalhada:** crie uma lista detalhada de todos os equipamentos e suprimentos necessários para a pescaria, incluindo varas, molinetes, linhas, anzóis, iscas, iscas artificiais, roupas adequadas, protetor solar, repelente de insetos, kit de primeiros socorros e outros itens essenciais.
   - **Distribuição e responsabilidades:** defina quem será responsável por levar cada item da lista, garantindo que tudo esteja disponível para a pescaria.
   - **Verificação prévia:** verifique se todos os equipamentos estão em boas condições de funcionamento antes da viagem.

5. **Logística e transporte eficiente:**
   - **Roteiro detalhado:** planeje um roteiro detalhado da viagem, incluindo transporte, acomodação, alimentação e custos.
   - **Reservas antecipadas:** reserve com antecedência hotéis, pousadas ou *campings*, se necessário.
   - **Transporte apropriado:** organize o transporte para o local da pescaria, considerando o número de pessoas, a quantidade de bagagem e as condições do terreno.

- **Comunicação contínua:** mantenha o grupo informado sobre qualquer alteração no planejamento da logística.

6. **Licenças e regulamentações ambientais:**
   - **Pesquisa e orientação:** pesquise e obtenha todas as licenças e autorizações necessárias para pescar no local escolhido.
   - **Informação precisa:** informe-se sobre as regulamentações locais de pesca, como os limites de captura, as espécies permitidas e os métodos de pesca autorizados.
   - **Conscientização e responsabilidade:** incentive o grupo a praticar a pesca responsável, respeitando o meio ambiente, capturando apenas a quantidade de peixes necessária e devolvendo os peixes não desejados com cuidado.

7. **Segurança como prioridade:**
   - **Análise de riscos:** avalie os riscos do local, como animais selvagens, correntes fortes ou áreas perigosas.
   - **Plano de segurança:** crie um plano de segurança que inclua medidas de prevenção de acidentes, procedimentos em caso de emergência e contatos de emergência.
   - **Conscientização e preparo:** oriente o grupo sobre os riscos e as medidas de segurança a serem tomadas durante a pescaria.

8. **Diversão e companheirismo acima de tudo:**
   - **Ambiente positivo:** crie um ambiente relaxante e positivo, onde todos se sintam à vontade para compartilhar histórias, cantar músicas e aproveitar a companhia uns dos outros.
   - **Competições amistosas:** organize competições de pesca amistosas para promover a interação e a diversão entre os membros do grupo.

Cada um desses tópicos se desdobra em uma série de tarefas e decisões. Lembrando que o planejamento na "pesca da vida" não se resume a *checklists* ou roteiros rígidos, e sim a uma dinâmica fluida que integra organização, adaptabilidade, intuição e aprendizado contínuo. Dessa forma, o pescador aumenta suas chances de sucesso, aprimora suas habilidades e enriquece sua conexão com a natureza. Uma boa pescaria, assim como a vida, é feita de experiências ricas, de histórias para contar e de aprendizados constantes. Cada pescaria, mesmo aquelas que não saem conforme o planejado, oferece uma lição valiosa e uma oportunidade de crescimento. Esse é o espírito da "pesca da vida": saber que, independentemente dos resultados, o que realmente importa é a jornada, os laços que criamos e as memórias que construímos juntos. A pesca, então, se torna uma metáfora para a vida, em que o sucesso é medido não apenas pelos peixes capturados, mas pela qualidade das conexões humanas e pela profundidade das experiências vividas.

É impressionante como a pesca em grupo se torna uma verdadeira escola de liderança e trabalho em equipe. A forma como o Comandante lidera o grupo "Amigos pescadores" é um exemplo claro de que a preparação e o cuidado com cada detalhe são fundamentais para uma experiência de sucesso e harmonia. Além disso, sua habilidade de integrar todos os membros e criar um ambiente de camaradagem faz toda a diferença. Parece que cada pescaria não é apenas uma oportunidade para capturar peixes, mas também para construir memórias e fortalecer amizades. Assim como em uma pescaria bem-sucedida, em que cada detalhe é cuidadosamente planejado e executado, na vida também é fundamental estabelecer metas claras, alinhar expectativas e trabalhar em harmonia com os outros para superar desafios e aproveitar ao máximo cada oportunidade.

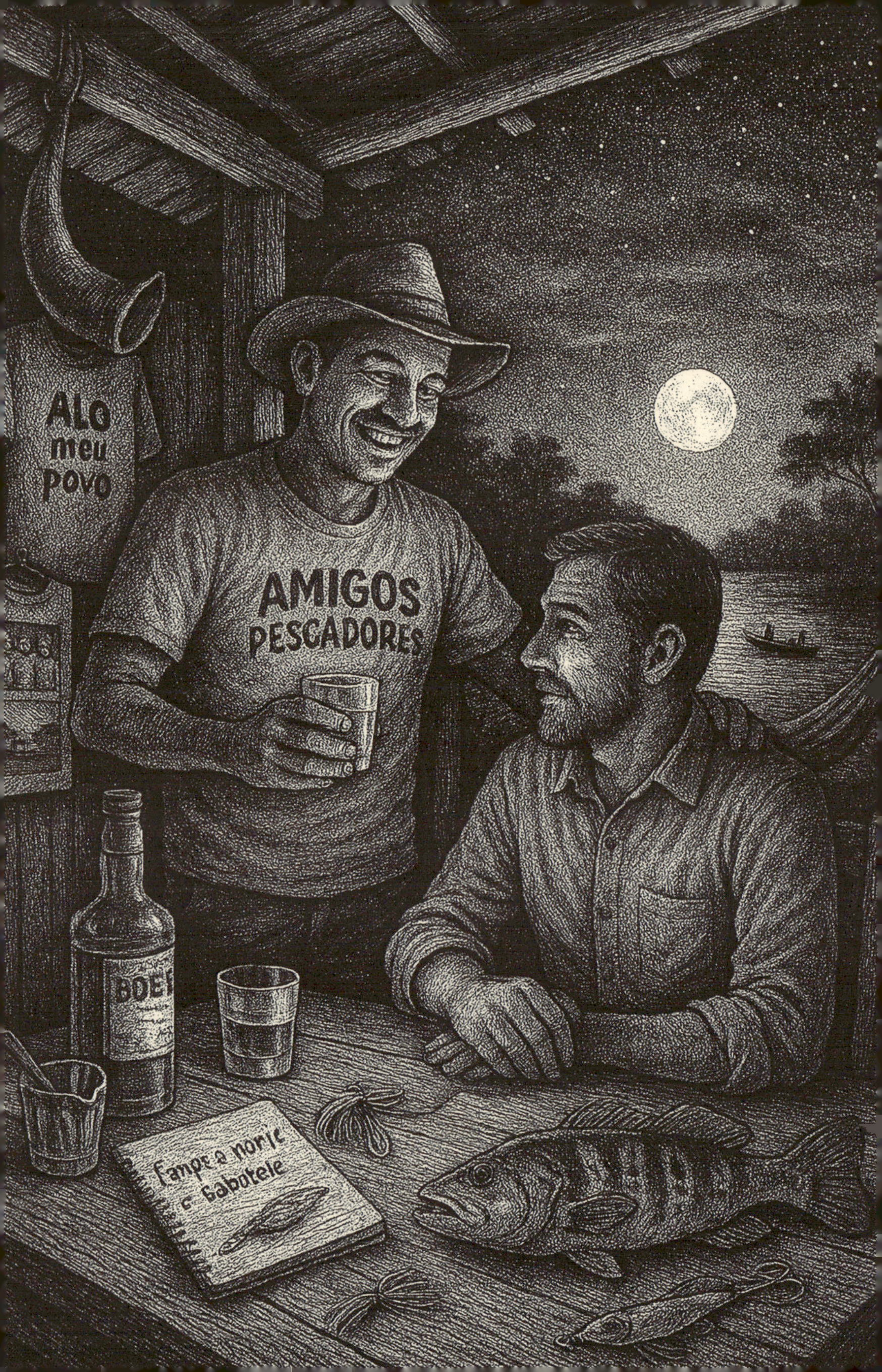
ALO meu povo
AMIGOS PESCADORES

Empatia

A empatia é a capacidade de compreender e compartilhar os sentimentos de outra pessoa, colocando-se em seu lugar. Ela nos permite sentir a dor, a alegria, o medo ou a esperança do outro como se fosse nossa experiência. Ao praticarmos a empatia, somos capazes de abrir nossos corações e mentes para ver o mundo pela perspectiva alheia, criando uma conexão profunda. Essa habilidade vai além da simples simpatia, pois envolve um compromisso genuíno de "sentir com o outro". A empatia fortalece os vínculos entre as pessoas, promove a compreensão e facilita a comunicação. Ao nos colocarmos no lugar do outro, desenvolvemos respeito mútuo e criamos um ambiente de aceitação e compaixão. Ela inspira atos de bondade, contribuindo para uma sociedade mais solidária. Por meio da empatia, somos movidos a agir com generosidade, auxiliando aqueles que precisam de apoio emocional, físico ou psicológico. Em um mundo cada vez mais desconectado, a empatia é uma ferramenta poderosa para construir um futuro mais harmonioso e compreensivo.

Vivenciei algo parecido numa pescaria realizada no segundo semestre de 2019, junto com o grupo de pesca "Amigos pescadores". Éramos vinte e quatro pescadores nessa expedição e, entre eles, estavam Comandante, Barroso e Água na Boca. O nosso destino dessa vez era uma pousada, à margem do rio Juma (AM), em plena Selva Amazônica. Para se chegar lá, desembarcamos no aeroporto em Manaus, seguimos de van até o porto da Ceasa, daí embarcamos em lanchas rápidas para navegação pelo rio Negro, passamos no encontro das águas com o rio Solimões, desembarcamos no porto de Careiro da Várzea, pegamos um micro-ônibus e viajamos cerca de 50 km até o porto Ramal 17 no rio Maçarico, e lá pegamos novamente uma lancha rápida até a pousada no rio Juma. Esse percurso durou cerca de 2h30, mas valeu a pena.

O rio Juma está localizado a cerca de 100 km de Manaus. É um paraíso preservado. Suas águas calmas e a localização plana criam um grande lago, cercado por florestas alagadas. A biodiversidade do local é rica, com uma variedade incrível de fauna e flora. Um destino ideal para o turismo ecológico e de aventura, o rio Juma oferece a oportunidade de se conectar com a natureza, observar a vida selvagem e desfrutar de um ambiente intocado. A tranquilidade das águas e a beleza exuberante do entorno convidam à contemplação e ao descanso, proporcionando uma experiência única e inesquecível.

O nosso personagem Água na Boca nasceu em Patrocínio (MG), é casado pela quinta vez (o que lhe credencia como uma pessoa que, de forma determinada, busca a felicidade e a estabilidade em um relacionamento), tem cinco filhos, cinco netos e uma neta e foi fiscal de obras em linhas de transmissão do sistema Eletrobrás (o que, segundo ele, o levava a viver pendurado nas alturas das torres que nem um macaco). Além disso, é torcedor do Atlético Mineiro e do Flamengo, exímio tocador de berrante, jogador de truco, oriundo do grupo de pesca "Alô meu povo" e atual integrante do grupo "Amigos pescadores" desde 2008.

Era a minha segunda pescaria com o grupo, e eu ainda não me sentia totalmente enturmado, em que pese a companhia do Barroso, conhecido há décadas, e o cuidado costumeiro do Comandante em sempre fazer uma reunião prévia de integração entre os pescadores, o que ocorreu uma semana antes. Lembro-me bem que, já na saída, no aeroporto de Brasília, a equipe estava uniformizada com uma camisa amarela e, num clima de total alegria, vi um dos membros tocar um berrante anunciando o início das atividades. Foi na fila de embarque que eu o conheci. Era quem eu chamaria para sempre de Água na Boca. Rapidamente ele se apresentou e ali me contou alguns "causos". Naquele momento, me senti mais enturmado, era como se ele me dissesse: "chegue mais, somos os Amigos pescadores". Aquilo me marcou profundamente. Quanta simpatia e empatia.

Foram cinco dias maravilhosos convivendo com a natureza da Floresta Amazônica e cercado de pessoas com uma energia sem igual. No primeiro dia, me lembro bem, saímos no mesmo barco, eu e o Barroso. Para aquela temporada, o Barroso tinha se preparado, se equipado e treinado várias técnicas adquiridas nos programas de TV dedicados a esse esporte. A razão de tudo isso é que, naquela região não se permitia o uso de iscas vivas, daí o arsenal de variedades de iscas artificiais do Barroso: iscas de superfície (ideais para atrair peixes que se alimentam em águas rasas), iscas de meia água (excelentes para capturar uma ampla variedade de espécies em profundidades variadas) e iscas de fundo (indicadas para se pescar em águas profundas ou quando os peixes estão menos ativos na superfície). Apesar de toda essa variedade, não pegamos nada nesse dia. Foi nessa ocasião, graças ao nosso piloteiro Nego Juma, que tomei conhecimento de um novo tipo de isca que, segundo ele, estava dando resultado: o *spinner bait* (uma isca que pode ser trabalhada tanto no fundo como na meia água, equipada com colheres brilhantes, girador, arrame reforçado e cerdas de silicone atrativas). Voltamos para a pousada exaustos.

A pousada tinha um quiosque que funcionava como um ponto de encontro dos pescadores. Era lá, depois de um dia de labuta, que trocávamos e relatávamos nossas aventuras, regados a muita bebida gelada e tira-gostos apetitosos. Em que pese a maioria dos pescadores terem como bebida predileta a cerveja, eu prefiro apreciar um uísque, por mim carinhosamente chamado de "velho líquido". Como de costume, e como forma de socialização, compartilhei minha garrafa junto ao grupo. Ao me servir de gelo e, no preparo daquela que seria a minha dose inicial, fui interrompido por um grito estridente: "Não faça isso, não cometa essa heresia, não é assim que se toma um uísque". Era ele, o Água na Boca.

Você deve estar se perguntando agora: "Que apelido mais esquisito, esse". Vou explicar mais adiante. Ele se aproximou e, de uma forma muito carinhosa, verbalizou: "Olha, essa bebida fica por anos sendo envelhecida em barris de madeira; se você a mistura com gelo, perderá sua essência no sabor". Confesso que cheguei a pensar: "Nossa, mas que novidade ele me traz", e antes que eu fizesse um pré-julgamento da cena, ele complementou: "Vou te ensinar a maneira correta de como se bebe um uísque. Sirva-se de uma dose pura, tape o seu nariz e o deguste pausadamente". Fiquei atônito e sem saber o que dizer naquele momento. Mas ele continuou: "Sabe por quê? Porque se você não tapar o nariz, vai sentir o belo e delicioso aroma da bebida e, com isso, a sua boca vai se encher d'água e, consequentemente, ao se misturar com a bebida, perderá a sua característica original". Após essa aula informal, brindamos ao seu estilo e, a partir daí, nascia uma afinidade duradoura, quando passei a chamá-lo carinhosamente de Água na Boca.

No dia seguinte, decidimos adquirir a isca indicada pelo Nego Juma, a tal *spinner bait*, e saímos para pescar. Diz o ditado popular que "Pescaria é 90% técnica e 10% sorte" e, naquela temporada, realmente os peixes não estavam interessados nas iscas artificiais convencionais. Num toque de mágica, ou melhor, num toque de técnica, eu e o Barroso passamos a ter bastante ação e, pela primeira vez, fisguei um tucunaré-açu que media cerca de 70 cm.

O tucunaré-açu é o maior e mais imponente dos tucunarés, nativo das bacias hidrográficas da Amazônia. Esse peixe é conhecido por sua aparência vibrante e imponente, com um corpo robusto e alongado. A cor do tucunaré-açu varia de acordo com o ambiente e sua fase de vida, geralmente exibindo um padrão de cores que inclui tons de verde-oliva, amarelo e marrom, com barras escuras verticais ao longo dos lados. Durante a época de reprodução, os machos podem exibir uma coloração ainda mais intensa, com manchas amarelas e vermelhas. Pode atingir até 1 m de comprimento e pesar até 13 kg, sendo muito apreciado por pescadores esportivos em virtude de sua força e resistência ao ser fisgado, proporcionando uma luta intensa. Além de sua beleza, o tucunaré-açu é uma espécie predadora e voraz, alimentando-se de peixes menores e outros animais aquáticos. Mas o nosso maior troféu ainda estava por vir, e esse fato eu deixo para relatar no capítulo da paciência.

Assim como no rio, onde é preciso estar atento às nuances da correnteza e às condições climáticas, na vida também é essencial prestar atenção às emoções e às necessidades dos outros. A atitude do Água na Boca ao me ensinar sobre como apreciar o "velho líquido", por exemplo, mostrou uma compreensão empática que vai além da superfície. Ele não apenas compartilhou seu conhecimento como também se colocou no meu lugar, buscando criar uma experiência de aprendizado e conexão.

A história do Água na Boca ilustra a importância da empatia, mostrando como ela pode criar conexões profundas e fortalecer laços, mesmo em ambientes inesperados como uma pescaria. No contexto da "pesca da vida", a empatia é crucial para criar conexões autênticas, fortalecer laços, compartilhar conhecimento e superar desafios. A capacidade de se colocar no lugar do outro, de compreender suas emoções e necessidades, abre portas para uma comunicação mais profunda e permite que as pessoas se ajudem mutuamente a alcançar seus objetivos e a navegar pelas águas turbulentas da vida. Assim como a empatia do Água na Boca me ajudou a me conectar com o grupo e a ter sucesso na pesca, a empatia na vida pode facilitar o caminho para a realização pessoal e para a construção de relacionamentos mais fortes e significativos.

Na "pesca da vida", a empatia se torna uma ferramenta vital para superar desafios, construir relacionamentos significativos e cultivar um senso de comunidade e apoio mútuo. É graças a essa habilidade que se constrói uma rede de solidariedade, em que cada pessoa pode se sentir vista, ouvida e compreendida, permitindo que todos naveguem juntos pelas águas complexas da nossa existência.

Na pesca da vida,
é preciso saber
quando tutar...
e quando soltar.

Paciência

A paciência é a habilidade de manter o equilíbrio emocional em situações difíceis, sem se deixar dominar pela impaciência. Ela nos permite lidar com erros, imprevistos e frustrações de maneira serena, evitando reações impulsivas. A paciência envolve saber esperar, agindo de forma ponderada e cuidadosa, sem pressa para resolver tudo de imediato. Ter paciência é ter a sabedoria de perceber o momento certo de agir, sem precipitação. Essa virtude nos ensina a perseverar diante dos desafios, mantendo a confiança de que, com o tempo, as soluções surgirão. Além de nos ajudar a controlar nossas emoções, a paciência também é essencial para cultivar a paz interior. Ela é um ingrediente fundamental para a construção de relacionamentos saudáveis, pois permite que lidemos com as imperfeições dos outros de maneira compreensiva. Ao sermos pacientes, conseguimos melhorar a nossa capacidade de ouvir e entender os outros, criando um ambiente de respeito e harmonia. A paciência, portanto, é uma virtude transformadora, tanto para o nosso bem-estar emocional quanto para a qualidade dos nossos vínculos com os outros.

Foi com muita paciência e habilidade que vivenciei a emoção da conquista do maior troféu da minha vida, tanto em tamanho quanto em peso. Me senti um verdadeiro Santiago, da obra *O velho e o mar*, de Ernest Hemingway. Essa façanha aconteceu numa pescaria realizada no segundo semestre de 2019, junto com o grupo de pesca "Amigos pescadores". Éramos vinte e quatro pescadores nessa expedição, e o cenário foi uma lagoa do rio Juma (AM), em plena Selva Amazônica. Me refiro àquela mesma pescaria relatada no capítulo da empatia, em que estávamos eu, Comandante, Barroso e Água na Boca.

O rio Juma, como já sabemos, está localizado a cerca de 100 km de Manaus. Ele se revela como um refúgio intocado, um paraíso preservado. Suas águas calmas, espelhando o céu, formam um imenso lago, emoldurado por uma floresta alagada de beleza exuberante. A vida pulsa em cada canto: a fauna e a flora se entrelaçam em um espetáculo de biodiversidade sem igual. A tranquilidade do entorno convida à contemplação e ao descanso, oferecendo uma experiência memorável que une aventura, beleza natural e reconexão com a natureza.

Naquele dia, estávamos no barco eu, o Barroso e o piloteiro Nego Juma. Pela manhã, subimos o rio, e podemos dizer que a pesca foi mediana, contrastando com a beleza exuberante do local, é claro. No intervalo do almoço, por sugestão do Nego Juma, decidimos que no período da tarde pescaríamos rio abaixo. Almoçamos, tiramos uma torinha de sono e partimos para a nossa jornada vespertina. Lembro-me bem de que portávamos um equipamento que era o usual para pesca de tucunarés daquela região: vara de ação média, 6 pés de comprimento e 10 a 20 libras de capacidade, carretilha de perfil baixo, linha de multifilamento com líder de *fluorcarbon* de 40 libras e anzol 6/0. Estávamos navegando rio abaixo quando o Nego Juma avistou uma lagoa na margem direita e resolveu adentrá-la, afirmando que ali tinha peixe.

Aqui, abro um parêntese para reverenciar uma figura de fundamental importância em toda pescaria: o piloteiro. Piloteiros, barqueiros e pirangueiros, como são carinhosamente chamados, geralmente carregam consigo um saber empírico, forjado em anos de convivência com a fauna, flora e os caprichos de sua localidade. Seu conhecimento profundo sobre a região, seus meandros e segredos, são essenciais para o sucesso de uma pescaria com segurança. O piloteiro, em especial, é um mestre da arte da navegação, conduzindo as embarcações com maestria e garantindo uma experiência tranquila e proveitosa, seja para a pesca ou para a contemplação da beleza natural. Sem eles, certamente as jornadas seriam mais desafiadoras, e a experiência, menos rica e autêntica.

Já dentro da lagoa, apoitamos o nosso barco num local estratégico de sombra, colocamos iscas artificiais de fundo, lançamos nossas linhas e começamos, eu e o Barroso, uma disputa saudável de quem teria a primeira ação naquela tarde. Aqui, cabe destacar que quem pesca comigo sempre usufrui a bordo de variados acepipes para abrir o apetite, do "velho líquido" para brindar as capturas e de uma bela trilha sonora para se ouvir, cuidadosamente selecionada para a ocasião. Estávamos confortáveis, tranquilos e relaxados nos lançamentos das nossas linhas, quando de repente senti um puxão anormal na minha vara. Enquanto eu lutava para manter a linha da minha vara esticada, o Nego Juma gritava "é um pirarucu, é um pirarucu, solta o freio, solta o freio". A explicação era simples: o equipamento que eu estava usando não tinha sido dimensionado para aquele tipo de peixe, logo, a continuar com a linha tensionada, sem aliviar o freio da carretilha, certamente ela se romperia e perderíamos o troféu gigante. Mais do que depressa, obedeci às ordens do Nego Juma, que desapoitou o barco; a partir daí foi uma briga só. Eu e o Barroso nos revezamos nessa captura, numa corrida contra o tempo, em que a estratégia era cansar o peixe antes que a linha estourasse. Enfrentamos um desafio que exigia mais do que força física: foi necessário também paciência, resistência e um profundo respeito pela natureza. Quando o peixe submergiu pela primeira vez, pudemos constatar que o Nego Juma estava certo, de fato tratava-se de um pirarucu adulto.

O pirarucu é um dos maiores peixes de águas doces fluviais e lacustres do Brasil. Seu nome se originou de dois termos tupis: pirá, "peixe", e urucum, "vermelho", devido à coloração de sua cauda. É conhecido como o "Gigante da Amazônia", pois pode atingir 3 m de comprimento e pesar cerca de 130 kg. Foram cerca de trinta minutos de muita luta, estresse, tensão e bastante paciência, quando, então, o gigante não resistiu mais, com certeza em função do seu cansaço. Finalmente tínhamos vencido a batalha. Não fosse a calma e atenção dedicada do Nego Juma, sempre nos dando as orientações de como agir durante a peleja, certamente não teríamos tido êxito. Dedico a ele essa façanha. Findada a luta, constatamos que não poderíamos embarcá-lo, pois o nosso troféu, segundo avaliação do próprio Nego Juma, pesava cerca de 80 kg e media quase 2,5 m. Resolvemos rebocá-lo até a margem do rio, para que pudéssemos registrar o nosso feito. O troféu era tão grande e pesado que, para tirar as fotos de registro, sempre se faziam necessárias duas pessoas segurando o monstro, mesmo estando dentro d'água, na beira do rio. Durante todo esse processo, tivemos vários testemunhos de pescadores do nosso grupo que encostavam seus barcos para constatar e admirar o feito. Decorrida a sucessão dos registros fotográficos merecidos, veio o ápice da aventura: devolvemos o gigante ao seu habitat, num ritual de despedida coberto de muita emoção e palmas.

Cabe aqui registrar que o Nego Juma se destacou como um verdadeiro guia e mestre, não só na navegação pelas águas desconhecidas do rio Juma, mas também na orientação crucial durante a captura desse gigante. É impressionante como o conhecimento e a experiência local dele foram determinantes para o sucesso da pescaria, mostrando a importância de confiar em quem conhece profundamente o ambiente.

Para não dizer que tudo foram flores, durante a sessão de fotos me lembro de ter pendurado meus óculos escuros na gola da minha camiseta. Digo isso porque ele está registrado nas fotos tiradas junto com o troféu gigante. Tão logo soltamos o pirarucu, ao retornar para o barco, dei por falta dele, o que me leva a concluir que, durante a soltura do peixe, devo ter feito algum movimento brusco, levando-o a se desprender da gola da minha camiseta e indo parar no fundo do rio. Não se tratava de quaisquer óculos, era um presente de minha morena querida, adquirido em Londres, numa exposição comemorativa dos cinquenta anos da banda de *rock* progressivo Pink Floyd, da qual sou um fã inveterado e que me influenciou muito, musicalmente falando, na minha adolescência. Esses óculos tinham lentes polarizadas e desenhos alusivos à obra *The Wall* na sua armação, o que lhe conferia uma unicidade. Sempre que me lembro desse dia, trago a reflexão de que a vida é constituída de perdas e ganhos, e que, nesse caso, o ganho foi muito maior.

A captura do pirarucu, aqui relatada, é uma metáfora para os desafios e conquistas que enfrentamos ao longo de nossa jornada. A paciência demonstrada na luta com o peixe reflete a importância de se manter a calma e o equilíbrio emocional diante das adversidades da vida. A colaboração do Nego Juma ilustra o valor de confiar na sabedoria e experiência de quem nos guia em momentos críticos, destacando a importância do apoio e da empatia.

A captura do "Gigante da Amazônia" simboliza a superação de grandes desafios e a realização de sonhos, enquanto a decisão de libertar o peixe reflete um profundo respeito pelo ciclo da vida e pelo ambiente natural, ensinando-nos a importância de saber quando lutar e quando soltar. A perda dos óculos durante a pescaria, por sua vez, representa as inevitáveis perdas que enfrentamos, reforçando a ideia de que na vida, assim como na pesca, existem altos e baixos.

Esse episódio sublinha que a "pesca da vida" exige paciência, resiliência e a capacidade de aprender com cada experiência, valorizando o processo tanto quanto o resultado. Essa história nos lembra que, com paciência e perseverança, podemos enfrentar nossos desafios e celebrar as vitórias, mesmo reconhecendo que algumas coisas, por mais significativas que sejam, precisam ser deixadas para trás.

A vida, como uma jornada de pesca, exige paciência e perseverança para lidar com as adversidades. Assim como o pescador aguarda pacientemente o momento ideal para fisgar seu alvo, enfrentando imprevistos e a força da natureza, nós também devemos ter serenidade para superar as dificuldades, frustrações e obstáculos que encontramos em nosso caminho. É preciso ter a sabedoria para agir no momento certo, evitando decisões precipitadas e impulsivas, e ter a convicção de que, com paciência, persistência e confiança, podemos alcançar nossos sonhos e superar os desafios. A "pesca da vida", como a pesca em si, nos ensina a ter fé, a esperar o momento certo e a perseverar até alcançarmos os nossos objetivos.

Ela amava os rios...
e imaginava
chegar ao mar.

Tati ♡

Confidência

A confidência, no contexto das relações humanas, é o ato de compartilhar informações pessoais ou íntimas com alguém em quem se tem plena confiança. Ao fazer uma confidência, a pessoa revela um segredo, esperando que essa informação seja mantida em sigilo e não seja divulgada a outros. Esse gesto cria um vínculo profundo, no qual pensamentos, sentimentos e vulnerabilidades podem ser expressos sem o temor de julgamentos ou traições. A confidência se dá em um espaço seguro, no qual o respeito e a sinceridade predominam, permitindo a construção de uma base sólida de confiança mútua. Essa confiança é cultivada ao longo do tempo, por meio de ações consistentes e honestas, e se torna a fundação de qualquer relacionamento duradouro. Quando alguém confia em outra pessoa, está estabelecendo uma conexão emocional, um "fio invisível" que une as partes. A confidência, portanto, não é apenas sobre compartilhar segredos, mas também sobre fortalecer a relação, permitindo que as pessoas se apoiem mutuamente. Ela é vital para a saúde dos relacionamentos, pois promove o entendimento e o respeito, criando um ambiente no qual a comunicação se torna mais profunda e genuína. Além disso, é uma ferramenta fundamental para garantir que as vulnerabilidades possam ser expressas sem medo de violação da confiança.

As nossas pescarias sempre foram um palco propício para se compartilhar sentimentos e emoções. Convive-se com o parceiro durante alguns dias, dividindo o mesmo espaço e vivenciando muitas situações em comum, criando assim um ambiente de solidariedade e cumplicidade mútua. Foi no segundo semestre de

2019 que constatei o quanto isso é real. Preocupado com o estado emocional de um grande amigo, o Fiel Escudeiro, resolvemos eu, Índio, Tendão, Apolo, Giba, Barroso e Professor organizar uma pescaria para o amigo, com a intenção de ajudá-lo a superar um momento difícil que ele atravessava. O Fiel Escudeiro andava muito triste, pois havia perdido, numa violência contra a natureza, a sua filha Tati, uma jovem pescadora e amante da natureza. Planejamos, então, pescar no rio Paracatu pousando no rancho do Professor, que fica na Região dos Reis (MG), na barra do córrego Rico, o menor afluente do rio Paracatu.

O córrego Rico atravessa a área urbana do município de Paracatu. A sua bacia hidrográfica tem cerca de 100 km de extensão, e a sua foz é o rio Paracatu, que pertence à bacia do rio São Francisco. O rio Paracatu, situado em Minas Gerais, é um destino atrativo para a pesca esportiva, graças à sua rica biodiversidade aquática. Suas águas abrigam uma variedade de peixes, como dourados, pacus, pintados, mandis e curimatãs, atraindo pescadores amadores e esportivos em busca de desafios e de momentos de lazer em meio à natureza. O cenário ao longo do rio, com suas margens cobertas por vegetação do cerrado, proporciona uma experiência imersiva e tranquila, ideal para quem busca conexão com a natureza e a prática de uma atividade sustentável.

O Fiel Escudeiro é um velho amigo meu. Conheci-o em 1994, quando ele tomou posse num órgão público do qual também faço parte. A empatia foi imediata. Trabalhamos juntos por muitos anos e até hoje temos contato. Ele é mineiro, de Santa Bárbara, todavia se considera candango por ter chegado à nossa capital em 1957, casado por duas vezes, pai de três filhos, engenheiro civil, numismata, escritor, torcedor do Fluminense, pescador que nem nós e detentor de uma cultura invejável.

Como sempre fazíamos, organizamos a nossa próxima aventura e convidamos o Fiel Escudeiro, que, de pronto, aceitou. A sua aceitação imediata nos motivou ainda mais, afinal de contas a pescaria havia sido concebida justamente para ele. Marcamos, então, uma reunião prévia num bar para acertarmos os detalhes finais da sua logística.

Conversa vai, conversa vem, regada com muita cerveja, estávamos todos lá no dia da reunião. Lembro-me bem da nossa animosidade futebolística acirrada com tempero etílico. Como se diz popularmente, nos encontrávamos "do jeito que o diabo gosta". Consternado com a recente tragédia, as atenções estavam inteiramente voltadas para o nosso Fiel Escudeiro. De repente, e sem bater na porta, ele ficou de pé e berrou pela atenção de todos. Se houve silêncio naquela hora, não me lembro. Uma vez obtida a nossa atenção, ele disse: "Meus amigos, gostaria de pedir permissão para eu levar junto com vocês, nessa pescaria, as cinzas da minha filha pescadora. Quero lançá-las numa corredeira do rio Paracatu, pois ela me confidenciou uma vez que a coisa que mais amava era, pescando, soltar seus pensamentos nas águas correntes de um rio, imaginando que algum dia elas estariam no mar. Sempre filosofava assim, então acho que chegou a hora de ela mesma ir para o mar". Foi um momento de apreensão e de muita surpresa para todos nós, pois ninguém esperava por tal proposta. De repente, como num toque de mágica, todos os copos se ergueram e o brado foi uníssono: "À PESCADORA!!!!!".

No dia da partida, ao arrumar o meu carro com os mantimentos e as tralhas de pesca, o Fiel Escudeiro me incumbiu de acomodar a urna com as cinzas de sua filha. Naquele momento, senti uma tonelada de responsabilidade nas minhas costas. Dada a largada, no caminho para o rancho, conversamos muito sobre como seria o ritual de sua despedida. Me recordo bem de que aquela pescaria foi marcada pela captura de muitos curimatãs, se utilizando de uma isca chamada de chuveirinho. O sistema chuveirinho nada mais é do que uma mola central, para fixar a massa de pesca. A bola de massa é moldada sobre a mola, o que a ajuda a não cair nos arremessos, e os anzóis são inseridos na massa com as pontas voltadas para a borda. Fabricado artesanalmente, o chuveirinho é uma invenção desenvolvida para pesca de carpas, pacus, tilápias, tambaquis e curimatãs.

O curimatã é um peixe de água doce encontrado em rios, açudes e lagoas de todo o território brasileiro. É conhecido também como papa-terra, curibatá, curimatá, curimataú, curimba, curumbatá, crumatá, grumatá, grumatã e sacurimba. Quanta variedade de nomes, não é mesmo? Possui um corpo robusto e comprimido, com escamas prateadas e uma cabeça pequena. Pode alcançar até 7,5 kg de peso corporal e medir de 30 a 80 cm de comprimento, dependendo da espécie. As fêmeas são maiores que os machos. O curimatã se alimenta principalmente de detritos e material vegetal, desempenhando um papel importante no ecossistema ao ajudar na limpeza dos rios. É um peixe muito apreciado na pesca artesanal e na culinária regional, sendo utilizado em diversos pratos típicos, como assados e caldeiradas. Sua carne é macia e saborosa, mas contém muitas espinhas, o que requer cuidado no seu preparo e consumo.

O ritual das cinzas havia sido combinado para o último dia de pesca, pois imaginávamos que os dois primeiros serviriam de preparação e relaxamento mental de todos. Chegado o momento, estávamos no barco eu, Tendão, Apolo, Fiel Escudeiro e a urna. Professor, Barroso, Giba e Índio estavam em outro barco, pescando. O destino seria uma grande corredeira que ficava rio abaixo do rancho. Durante o trajeto, o Fiel Escudeiro nos confidenciava que, numa esteira Shakespeareana, buscava, entre o céu e a terra, muito mais coisas imagináveis em sua vã filosofia para aceitar a perda de sua filha ainda tão jovem. Dizia-nos que seu legado indelével brotava sempre, em reminiscências pungentes, dolorosas, que se esvaíam tranquilas e suaves, à sombra de seu sorriso hasteado em todo seu semblante de alto astral. E concluía: "assim era minha filha... amava pescar, ou melhor, amava a natureza".

Foi relativamente rápido encontrar o local pretendido. Lá, após um momento de meditação coroado com uma pequena oração, fizemos o procedimento. Foi um trabalho de equipe. O barco jogava demais. O piloto, Tendão, tentava mantê-lo no meio da correnteza e manobrava o motor com fisionomia estressada. Agarrados numa ramagem, lutávamos para impedir o barco de acompanhar a correnteza. Alheio ao nosso esforço, o Fiel Escudeiro removeu o conteúdo embalado da urna que, submergida, rapidamente desapareceu. Rompida a embalagem, e após alguns minutos que duraram quase uma eternidade, e ainda abalado por emoções contraditórias, o nosso amigo enfim cumpriu a sua missão. As cinzas foram vagarosamente lançadas. Lágrimas furtivas e escondidas embaçaram os seus olhos e seguiram flutuando na superfície da correnteza até se perderem à distância no espumante e estrugido movimento daquele rio. Pensei com meus botões: "quem sabe, um dia cheguem ao mar, e com elas o insubstituível pedaço do Fiel Escudeiro?". Voltamos para casa com a certeza de ter contribuído para que ele realizasse o seu desejo junto a sua filha, Tati.

No contexto da "pesca da vida", essa vivência me retratou, mais uma vez, a pesca como um ato simbólico, que vai além de capturar peixes. A pesca pode ser um espaço de cura e reflexão, além de um ato de apoio a amigos. É uma forma de lidar com as emoções profundas e de criar laços duradouros. Aqui, a pescaria no rio Paracatu representou a busca pela cura, em que o rio e a atividade pesqueira se tornaram metáforas para o fluxo da vida e para o movimento constante de perdas e ganhos. A decisão de lançar as cinzas da filha no rio simboliza o desejo de libertação e um retorno à natureza, um tributo ao espírito aventureiro e filosófico de Tati. Ao lançar as cinzas nas águas, o grupo pratica um ritual de libertação e homenagem, simbolizando a passagem de uma fase dolorosa para uma de aceitação e paz. A pesca, nesse contexto, é uma atividade que reflete a complexidade da vida, envolvendo momentos de contemplação, resiliência e comunhão com a natureza e com os outros, ensinando-nos a navegar pelas águas turbulentas da existência com apoio mútuo e serenidade.

A "pesca da vida" é uma jornada singular para cada um de nós. Ao longo desse caminho, encontraremos momentos de profunda beleza, desafios que nos fortalecerão e perdas que nos transformarão. Que possamos navegar pelas águas da vida com coragem, esperança e gratidão, celebrando cada momento como um presente único.

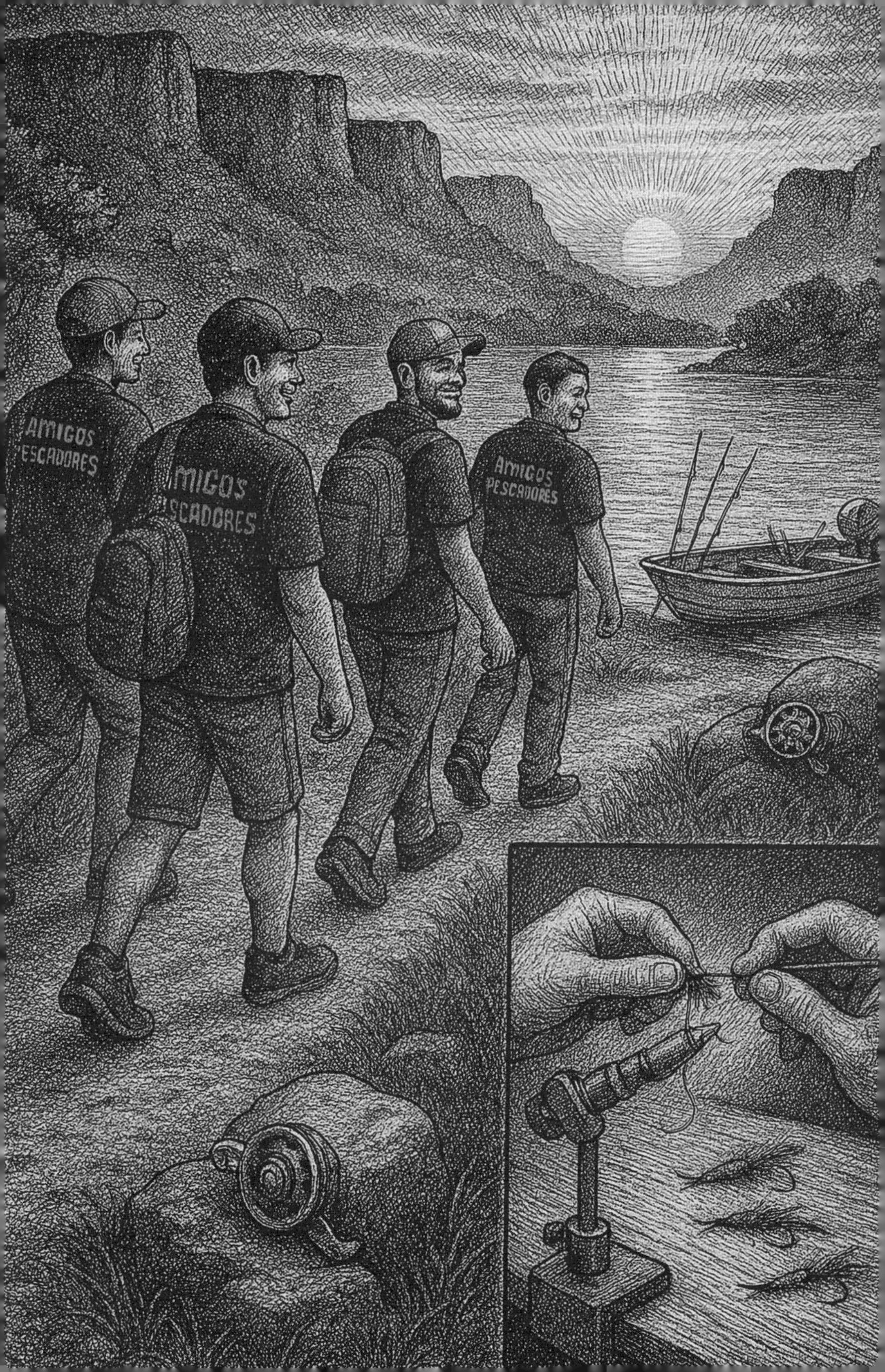
AMIGOS
PESCADORES
AMIGOS
PESCADORES
AMIGOS
PESCADORES

Expectativa

A expectativa é a criação de uma ideia ou previsão sobre o futuro, muitas vezes baseada em nossos desejos, experiências passadas e informações disponíveis. Ela age como uma projeção mental do que esperamos que aconteça em uma situação específica. Quando nossas expectativas são muito altas, há uma tendência de nos sentirmos frustrados quando a realidade não corresponde ao que imaginamos. Esse descompasso entre a expectativa e a realidade gera sentimentos de desilusão e até decepção. No entanto, as expectativas também têm uma função positiva. Elas nos motivam a definir objetivos, a sonhar e a buscar melhorias, sendo fundamentais para o planejamento e a realização de nossos desejos. O problema surge quando elas se tornam infundadas ou idealistas demais, levando a frustrações. Portanto, é importante cultivar um equilíbrio, ajustando as expectativas à realidade e aprendendo a lidar com os resultados, sejam eles positivos ou negativos. De forma geral, as expectativas podem ser um combustível para o crescimento, desde que manejadas com sabedoria e realismo.

Vivenciei situação semelhante quando o grupo "Amigos pescadores" programou, com quase um ano de antecedência, uma pesca no rio Manso (MT) para o segundo semestre de 2020, desta vez reunindo quatorze pescadores. Diante do quadro pandêmico que se alastrou pelo mundo, em virtude da covid-19, tivemos que adiar essa pescaria por duas ocasiões, o que gerou uma enorme expectativa entre nós, enquanto esperávamos pelo momento factível. Lembrando que o nome "covid-19" é oriundo da junção de letras que se referem a *(co)rona (vi)rus (d)isease*, o que na tradução para o português seria "doença do coronavírus". Já o número 19 está ligado ao ano de 2019, quando os primeiros casos foram publicamente divulgados.

O rio Manso fica a cerca de 100 km de Cuiabá, nasce na serra de São Vicente, no munícipio de Chapada dos Guimarães, e percorre cerca de 320 km até desaguar no rio Cuiabá, que faz parte da bacia hidrográfica do rio Paraguai. É um verdadeiro paraíso para quem busca aventura, natureza e beleza. Ele é conhecido por suas águas cristalinas, paisagens exuberantes e rica vida aquática, atraindo pescadores, amantes da natureza e aventureiros de todo o Brasil. Ao longo do rio, existem inúmeras ilhas e cachoeiras, perfeitas para quem busca um dia de descanso e contato com a natureza. O pôr do sol no rio Manso é um espetáculo diferenciado, colorindo o céu com tons de laranja, rosa e roxo, proporcionando momentos mágicos aos visitantes. Por fim, ele é um dos melhores destinos de pesca esportiva do Brasil, com diversas espécies de peixes, como tucunaré, pintado, dourado, jaú e pacu.

De 2020 a 2022, a humanidade enfrentou um período de incerteza e transformação sem precedentes, marcado pela pandemia da covid-19. O mundo foi mergulhado em *lockdowns*, isolamento social e medo do contágio. A vida como conhecíamos mudou drasticamente, com escolas fechadas, eventos cancelados e o trabalho remoto se tornando a nova normalidade. O sistema de saúde foi sobrecarregado, e a perda de vidas e o sofrimento humano se tornaram uma realidade cruel. Apesar da escuridão, a resiliência humana brilhou, com a ciência desenvolvendo vacinas em tempo recorde, e a solidariedade se manifestando em atos de compaixão e apoio mútuo. A pandemia acelerou a transformação digital, impulsionando o trabalho remoto e o comércio online. O mundo emergiu da crise com cicatrizes, mas também com lições valiosas sobre a fragilidade da vida, a importância da saúde pública e a necessidade de união global para enfrentar os desafios do futuro. Nesse período, dediquei parte do meu tempo recluso para me desenvolver na confecção dos meus próprios suprimentos de pesca. Foi quando o meu amigo e pescador, o Professor Pardal, me presenteou com uma morsa giratória artesanal, em que eu pude desenvolver melhor minhas habilidades de artesão de iscas. Nesse período, assisti a muitos programas de tv e YouTube voltados para a pesca, li, estudei, fiz cursos e montei minha própria mini-oficina, em que passo horas dedicadas à confecção de *snaps*, encastoadores de anzóis e alguns tipos de iscas artesanais.

Voltando para a nossa pescaria, foram cerca de dois anos de espera, desde o início da programação original. O primeiro contrato fechado pelo nosso Comandante com a pousada, assinado em dezembro de 2019, foi para uma pesca no segundo semestre de 2020, com quatorze pescadores. Já no primeiro semestre de 2020, tivemos que alterar a data para o primeiro semestre do ano seguinte, quando, então, faltando exatos três dias para o momento tão esperado, tivemos que adiar novamente a nossa aventura, e desta vez sem data prevista, tendo em vista o surgimento de mutações no vírus, conhecidas como a segunda onda do quadro pandêmico. Somente seis meses depois pudemos vislumbrar uma nova data, agora para o primeiro semestre de 2022, desta vez com vinte e dois pescadores, dentre eles, eu, Comandante, Água na Boca, Botafoguense, Violeiro e Barroso.

Conheço o Barroso desde os anos 1990, quando passávamos férias na praia do Foguete, entre Cabo Frio e Arraial do Cabo, no Rio de Janeiro. Barroso é casado, pai de dois filhos, analista de sistemas, torcedor do São Paulo, motociclista, grande amigo e parceiro de pesca. Sua maior virtude, na minha opinião, é o seu dom culinário. Ele é um *chef* primoroso, uma autoridade na cozinha. Quem já provou algum prato feito por ele sabe o que estou dizendo. O mais incrível é que ele faz disso um *hobby*, uma forma de lazer, de distração e passatempo. Às vezes, tenho a impressão de que o Barroso está na profissão errada.

Chegado o tão esperado dia, partimos do Aeroporto Internacional de Brasília com destino ao Aeroporto Internacional Marechal Rondon, em Cuiabá. Estávamos todos de máscaras, uniformizados com uma camisa preta e inundados de grandes expectativas. O grupo estava eufórico de tanta alegria. Almoçamos em Cuiabá e seguimos em duas vans rumo à pousada. Esse percurso durou cerca de duas horas, pois paramos no meio do caminho para esticar as pernas e apreciar a paisagem local na Chapada dos Guimarães, que é deslumbrante. O rio Manso é famoso pela pesca de dourados nas inúmeras corredeiras que a região oferece. Pescamos tanto com isca viva como com isca artificial. Lembro-me bem de que o Barroso havia me presenteado com uma isca de subsuperfície, ou seja, uma isca que trabalha a 15 cm debaixo da flor da água, chamada "Araçatubinha", que me proporcionou muitas alegrias com algumas espécies capturadas. Também tivemos momentos de tristeza, podem acreditar. Imaginem que o Barroso, de modo displicente, não atarraxou corretamente sua carretilha zerada que ele havia adquirido especialmente para essa pescaria e, no primeiro arremesso, ela se desprendeu do *real seat*, que é o fixador de carretilha na vara, e foi parar no fundo do rio, resultando em prejuízo com perda total. Outro fato ocorrido, e não muito agradável, foi que a partir do segundo dia de pesca, toda a região foi tomada por uma frente fria bem forte, a ponto de mudar o comportamento dos peixes e com isso diminuir substancialmente as suas atividades. Como se diz no jargão do pescador: os peixes ficaram manhosos. De qualquer forma, valeu, e como valeu, aquele encontro entre amigos que não víamos há tanto tempo, renovou-nos e nos encheu de esperanças. Voltamos para casa mais leves e com a certeza de que o pior havia passado e de que dias melhores sempre hão de vir.

A história da pescaria adiada no rio Manso, marcada por dois anos de espera e expectativas, serve como uma metáfora poderosa para a "pesca da vida". Ela ilustra como a expectativa, apesar de poder gerar frustrações, também é um motor para a realização de sonhos e para a superação de obstáculos. A expectativa, portanto, não se resume a um simples desejo, e sim a uma motivação que impulsiona a jornada da vida. É a força que nos leva a sonhar, a persistir e a superar os desafios para encontrar as alegrias e a realização que buscamos.

O cenário, vivenciado nessa pescaria, reflete a realidade de muitas situações na vida: a incerteza, os obstáculos imprevistos e a necessidade de adaptação. As frustrações enfrentadas pelos "amigos pescadores" são semelhantes às que todos nós enfrentamos quando nossos planos são interrompidos ou nossas expectativas não são atendidas. No entanto, assim como os "amigos pescadores" mantiveram sua esperança e reorganizaram a viagem, na vida real é fundamental mantermos a resiliência e a flexibilidade diante das adversidades.

Essa história também enfatiza que, embora nem sempre tenhamos controle sobre os eventos externos, podemos controlar nossa resposta a eles. Os momentos de frustração, como a perda da carretilha do Barroso ou a chegada de uma frente fria que dificultou a pesca, foram superados pela alegria do reencontro, pela camaradagem e pela beleza natural ao redor. Isso nos ensina que, na "pesca da vida", o verdadeiro valor não está apenas nos resultados tangíveis, mas também nas experiências compartilhadas, nos aprendizados e nas conexões que formamos ao longo do caminho.

Assim, a pescaria no rio Manso foi um exemplo de como a vida nos desafia constantemente, mas também nos oferece oportunidades para crescer, aprender e apreciar o que realmente importa. A expectativa pode ser uma força motivadora, desde que seja equilibrada com a aceitação da incerteza e a capacidade de se adaptar aos desafios que surgem, o que é essencial para uma "pesca da vida" bem-sucedida e gratificante.

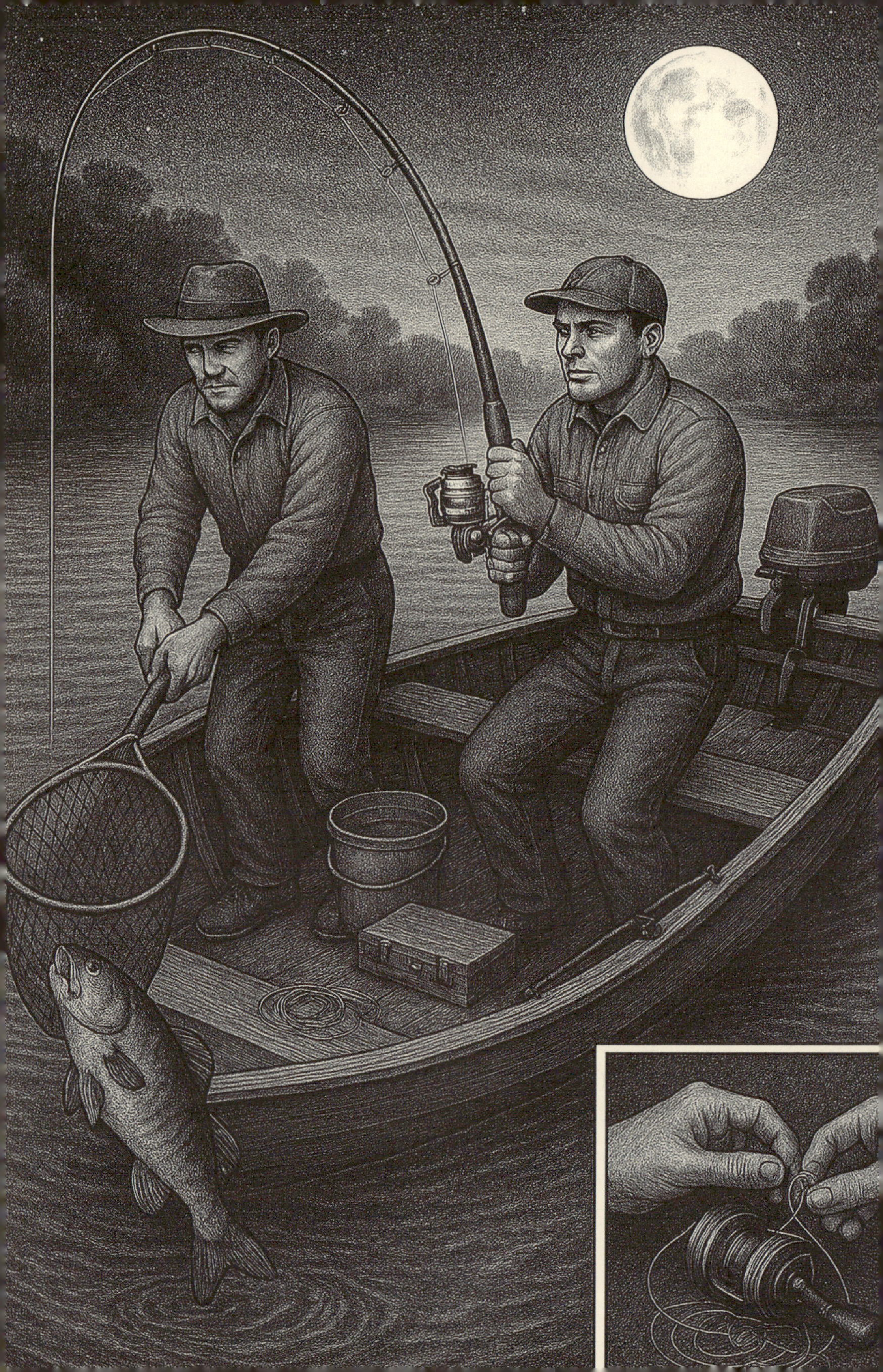

Persistência

A persistência é a habilidade de continuar em busca de um objetivo, mesmo diante de obstáculos, fracassos ou dificuldades. Ela é uma disposição mental e emocional que nos impede de desistir, mesmo quando o caminho é difícil e os resultados parecem distantes. Quem pratica a persistência sabe que o sucesso não é imediato e que os fracassos fazem parte do processo de aprendizado. Ela envolve resiliência, paciência, coragem e disciplina, permitindo que a pessoa se recupere após cada queda, ajustando estratégias quando necessário. A chave está em entender que o sucesso leva tempo e que cada esforço contribui para o crescimento. A persistência também exige a capacidade de se manter motivado mesmo quando os resultados são lentos ou quando as condições mudam de forma inesperada. Além disso, ela envolve buscar soluções criativas para superar contratempos sem desistir. Persistir não é apenas insistir; é saber quando mudar o rumo e como continuar com foco no objetivo final. A persistência é uma combinação de paciência e adaptabilidade, refletindo a força de quem se recusa a abandonar seus sonhos e a sabedoria de quem ajusta seu caminho conforme as circunstâncias. Ela é como uma energia renovável, que nos mantém avançando, sempre em busca do que desejamos.

Vivenciei essa habilidade no segundo semestre de 2022, quando decidimos pescar no rio Paracatu, hospedados numa pousada localizada na comunidade de Santana da Caatinga (MG), a qual já tínhamos tido a oportunidade de conhecer, por ocasião de pescarias pretéritas. Aquela região é muito almejada pelos pescadores esportivos na busca da captura de dourados, pacus, pintados, mandis, piranhas, matrinxãs e curimatãs. Planejamos essa expedição com um mês de antecedência, iríamos eu, o Índio e o Tendão. Faltando cerca de três dias antes da nossa partida, recebi uma ligação do Índio se lamentando muito, mas que, por questões familiares, não poderia ir conosco. Confesso que aquela notícia me pegou de surpresa. Primeiro porque o Índio nunca havia falhado numa pescaria com a gente, e segundo porque a sua ausência seria bastante sentida entre nós. Lamentando muito sobre a situação, liguei logo em seguida para o Tendão e, depois de ponderarmos muito sobre o assunto, resolvemos persistir na nossa expedição.

A comunidade de Santana da Caatinga, localizada no município de João Pinheiro, às margens do rio Paracatu, no noroeste de Minas Gerais, tem uma rica herança histórica, formada por descendentes de africanos que resistiram à escravidão. Hoje, Santana do Caatinga é um núcleo remanescente de quilombo, reconhecido pela Fundação Cultural Palmares em 2004. Culturalmente, a comunidade preserva suas tradições, e um evento importante é a Festa de Nossa Senhora de Santana, realizada todo ano no dia 25 de julho. Além disso, a comunidade participa de atividades agrícolas e de turismo de base comunitária, tirando sustento da terra e dos recursos naturais da região, o que reforça seu vínculo com o meio ambiente. Em termos de infraestrutura, Santana do Caatinga conta com energia elétrica, água tratada, escola até o ensino fundamental e um posto de saúde. Embora seja uma área rural, essa estrutura básica contribui para a vida cotidiana dos seus cerca de cem moradores.

O matrinxã é um peixe de escama nativo da bacia amazônica e amplamente distribuído em rios, lagos e igarapés do Brasil. Ele é bastante conhecido entre os pescadores esportivos por sua força, velocidade e comportamento arisco, o que torna sua captura um desafio emocionante. Possui corpo alongado, um pouco alto e comprimido. Sua coloração é prateada, com as nadadeiras alaranjadas, sendo a nadadeira caudal escura. O matrinxã é um peixe onívoro, alimentando-se tanto de vegetação aquática, sementes e frutos que caem das árvores quanto de pequenos peixes e invertebrados. Prefere águas rápidas e correntes, mas também pode ser encontrado em lagos e áreas de águas mais calmas durante certas épocas do ano. Os seus dentes são fortes, pequenos e afiados, dispostos em várias fileiras na maxila superior. É comum vê-lo saltando fora d'água em busca de alimento. Pode chegar aos 80 cm de comprimento e 5 kg de peso. Sua carne é muito apreciada nas regiões Centro-Oeste e Norte do país, sendo uma iguaria admirada localmente. Por seu comportamento agressivo e sua resistência, o matrinxã é valorizado na pesca esportiva. Ele oferece grande luta quando fisgado, dando saltos impressionantes e corridas rápidas para escapar.

Chegado o dia tão esperado, partimos eu e o Tendão, bem cedo, rumo ao nosso destino. Foram quatro horas de estrada. Chegamos na pousada, ávidos para pescar, por volta de 10h. Desembarcamos a nossa tralha, montamos o motor no barco e logo, logo fomos pescar. Como já é de nosso conhecimento, pescar no barco do Tendão é a garantia de um arsenal de iscas que atende a diferentes tipos de pesca. Dessa vez tínhamos a bordo milho azedo, quirela, massinha, polenta, coração de boi, tuvira e minhoca. Ficamos no rio até às 13h, com um sol a pino, sem ter sequer uma ação. Voltamos para o almoço na pousada, na esperança de que à tarde as coisas seriam bem mais favoráveis. A vontade de pescar era tanta que nem paramos para descansar, como era de costume, após a refeição. Seguimos direto para o rio e, como a lua estava crescente, quase cheia, resolvemos esticar até à noite, pescando com muita expectativa de que capturaríamos alguns exemplares de peixes. Ledo engano. Não sei explicar o fenômeno, o fato é que ficamos horas no rio, cada um portando três varas com iscas variadas, e nem sequer tivemos qualquer movimento suspeito, algo que nunca tinha me acontecido em anos de pescaria. O nosso consolo foi a contemplação de um céu limpo, coberto de estrelas, e com a lua despontando como personagem central. Voltamos para a pousada famintos, entediados e cansados, mas com a convicção de que o outro dia seria diferente. Haja persistência.

No dia seguinte, acordamos revigorados e animados para mais uma investida. Saímos logo cedo, pois era o segundo e último dia de nossa jornada. Descemos o rio à procura de pontos diferentes dos anteriores. Apoitamos num lugar que nos parecia promissor, mas nada. Presenciamos o sol crescer, e com ele a temperatura aumentar sem nenhuma ação na ponta das nossas varas. No meio da manhã, resolvemos procurar uma sombra, pois o sol estava escaldante. Tendão encontrou um lugar muito agradável, debaixo de algumas árvores, onde resolvemos amarrar o nosso barco. Mal paramos no ponto e, no meu primeiro arremesso, aconteceu aquilo que todo pescador portando carretilha teme: a famosa cabeleira. A cabeleira ocorre quando o carretel da carretilha continua girando após a isca já ter caído na água, soltando mais linha do que o necessário. Isso acontece quando o carretel está muito solto, resultando em um excesso de linha, que forma um emaranhado difícil de desembaraçar. Esse embaraço, conhecido como cabeleira, é comum quando a regulagem da carretilha não está ajustada corretamente, dificultando o controle do arremesso.

Fiquei cerca de uma hora, pacientemente, desembaraçando a cabeleira. Podemos chamar isso de persistência? Não seria melhor continuar pescando com as outras duas varas e deixar a solução da cabeleira para um outro momento? Não sei responder. Durante esse período, acreditem, aconteceu com o Tendão o que já estávamos descrentes: uma fisgada repentina em uma de suas varas. Começou ali uma batalha inesperada. Enquanto o Tendão recolhia sua linha com o peixe fisgado, eu continuava concentrado na cabeleira, e aí foi o meu erro capital. Normalmente, quando se fisga um peixe, o companheiro do pescador se utiliza de um equipamento chamado de puçá, com o propósito de ajudá-lo na captura. Ele consiste em uma rede presa a um aro circular, que, por sua vez, está fixado a uma longa haste. O aro, geralmente de metal ou plástico, mantém a boca da rede aberta, facilitando o seu manuseio. A rede é confeccionada em material resistente, como náilon ou polietileno, com malhas finas para evitar que o peixe escape. O puçá é muito útil para garantir que o peixe, especialmente os maiores, não se perca no momento de retirá-lo da água, sendo ideal em águas rasas ou ao pescar de embarcações.

O peixe fisgado pelo Tendão era uma matrinxã, e aí aconteceu o que ninguém queria. Ao retirá-lo da água, antes de embarcá-lo, ele se debateu tanto que conseguiu soltar o anzol da boca e, com isso, por não termos utilizado o nosso puçá, perdemos o troféu, aquele que poderia ser o único da temporada. Independentemente do fato ocorrido, o Tendão não desistiu e continuou a pescar, enquanto eu, bem, continuei a desembaraçar a cabeleira. A manhã findou quando finalmente consegui concluir o desembaraço da minha linha, com sucesso e sem maiores emoções. Voltamos para o almoço na pousada. Diferentemente do dia anterior, resolvemos dar uma descansada depois do almoço. Dormimos um pouco e, por volta das 16h, partimos para a última etapa de nossa jornada. O panorama não mudou muito naquela tarde. Percorremos alguns pontos de pesca sem sucesso. O nosso maior consolo foi saber que o problema não era pontual, pois os relatos de pescadores que encontrávamos no caminho era sempre o mesmo: o peixe estava muito manhoso. Já era final de tarde quando me apercebi que, até então, não tinha colocado música no nosso barco, fato que nunca tinha ocorrido antes, pois nas minhas pescarias sempre sou acompanhado por uma *playlist* selecionada especialmente para essas ocasiões.

Já era noite e, enquanto escutávamos a música ambiente e conversávamos sobre a falta que o Índio nos fazia na pescaria, diante daquela noite estrelada e enluarada, fomos surpreendidos por um movimento suspeito em uma de minhas varas. Prontamente me posicionei, tirei-a do descanso e confirmei que havia peixe naquela linha. Conferi a fisgada com um movimento brusco de puxada e, aí sim, finalmente tinha capturado uma espécie. O peixe passou, então, a tomar linha, como se costuma dizer, enquanto o Tendão afirmava se tratar de um dourado. Desta vez, de forma precavida, o Tendão empunhou o nosso puçá à espera do nosso troféu. Travei uma luta com a nossa captura, intercalando recolhimento de linha com a tomada de linha, até que, já cansada, apareceu ela: uma traíra, uma senhora traíra. O Tendão a capturou, ainda na água, com o puçá, e a trouxe para dentro do nosso barco. Foi uma euforia contagiante. Além de ser o único peixe fisgado por mim naquela pescaria, era a minha primeira traíra pescada com vara e anzol, ao longo de anos praticando esse esporte. Tiramos muitas fotos registrando o acontecido e, ao contrário do que costumava fazer ao longo dos últimos anos, resolvi trazê-la para casa para compartilhá-la na mesa com a minha querida morena, afinal, como ela mesma me disse: "A primeira traíra a gente nunca esquece". Valeu, e como valeu. Voltei para casa com a sensação de ter feito uma pescaria farta e de muitas emoções.

Quando olhamos para o conceito da "pesca da vida", ele serve como uma metáfora para as diversas experiências, desafios e aprendizados que enfrentamos ao longo da nossa trajetória. Tal como numa pescaria, nem sempre conseguimos os resultados esperados, mas o verdadeiro valor está nas lições extraídas do processo. A paciência é uma virtude central em ambos os casos. Assim como na pesca, na vida muitas vezes esperamos por algo sem saber quando ou se isso realmente virá. Podemos passar horas ou anos em busca de algo, mas o que realmente importa é como lidamos com as incertezas e as expectativas. A persistência é fundamental. Da mesma forma que um pescador não desiste mesmo quando o peixe não aparece, na vida devemos continuar tentando, independentemente dos fracassos temporários.

A "pesca da vida" é, portanto, um processo contínuo de aprendizado, resiliência, paciência e respeito pelos ciclos naturais do existir. O importante não é apenas o que capturamos, e sim como crescemos e nos transformamos durante essa jornada.

AMIGOS
PESCADORES
AMIGOS
PESCADORES
COMPANHEIRO
DA PESCA

Companheirismo

O companheirismo é a prática de convivência harmoniosa, marcada pela amizade, cordialidade, bondade e lealdade entre as pessoas, sejam elas amigos, parceiros afetivos ou familiares. Esse conceito reflete um vínculo de apoio mútuo e fidelidade, que nasce de experiências, metas, valores ou interesses compartilhados. Ele se manifesta por meio de atos de solidariedade, compreensão e colaboração, em que cada indivíduo se dedica a apoiar o outro, oferecendo suporte nas alegrias e dificuldades. O companheirismo, portanto, fortalece as relações, promovendo um ambiente de confiança e respeito entre aqueles que caminham juntos.

O companheirismo é fundamental para fortalecer os laços e construir relações duradouras, seja no âmbito familiar, entre amigos, no ambiente de trabalho ou em qualquer grupo em que a colaboração e o apoio mútuo sejam essenciais. Ele cria um ambiente de confiança e respeito, no qual cada pessoa se sente valorizada e apoiada. A prática do companheirismo promove a união, a harmonia e o crescimento coletivo, pois incentiva a troca de experiências e a ajuda mútua, proporcionando um suporte emocional e social que beneficia todos os envolvidos.

Uma característica comum entre os verdadeiros pescadores esportivos é, sem dúvida, o companheirismo. Diferente da maioria dos esportes individuais, a pesca esportiva é marcada por um forte sentimento de irmandade entre os pescadores. Mesmo quando há competição, ela ocorre de maneira saudável, solidária e cooperativa. Esse espírito de união e colaboração parece estar no DNA do pescador.

Na última década, tenho aproveitado muito os finais de semana prolongados para pescar em regiões próximas ao Distrito Federal, a uma média de 300 km do centro de Brasília. Os destinos mais frequentes têm sido o lago da Serra da Mesa e o lago do Corumbá IV, ambos em Goiás, e o rio Paracatu, em Minas Gerais. Nessas áreas, geralmente ficamos em ranchos de amigos que nos oferecem uma ótima infraestrutura a um custo bastante acessível. Algo que todos esses ranchos têm em comum é o fato de seus proprietários serem pescadores apaixonados, que valorizam uma boa conversa e demonstram uma hospitalidade e companheirismo excepcionais. Eles estão sempre prontos para receber amigos, e até mesmo os amigos dos amigos, com entusiasmo e alegria, garantindo finais de semana repletos de muita diversão.

Tenho uma dezena de companheiros que exemplificam bem esse espírito de camaradagem, mas vou me limitar a mencionar quatro pescadores amigos que se destacam por essas qualidades: Piauí, João Grandão, Professor e Tendão.

O Piauí é um empresário bem-sucedido no ramo da construção civil, pertencente a uma família de doze irmãos, de Tauá (CE); foi o único a nascer em Floriano (PI). Casado, pai de quatro filhos e avô de sete netos, suas paixões. Conheci o Piauí nos idos de 2011, por meio do Índio, durante uma pescaria em um de seus ranchos localizado em Serra da Mesa, na região de Niquelândia (GO). Chegamos à sua propriedade em uma noite de sexta-feira e, logo após nossa chegada, fomos muito bem recepcionados quando, então, brindamos juntos o nosso encontro. A conversa prolongada pela noite afora criou uma conexão imediata entre nós. Na manhã seguinte, para nossa surpresa, o Piauí, alegando compromissos de trabalho, se despediu, mas nos deixou com toda a infraestrutura necessária para o final daquela semana: um rancho abastecido com alimentos, uma cozinheira, barco, combustível e um piloteiro à nossa disposição. Essa sempre foi a marca registrada do Piauí, uma atenção e cordialidade ímpares para com seus parceiros. Retornamos ao seu rancho uma dezena de vezes, o Índio e eu, e ele sempre nos ofereceu a mesma hospitalidade, mesmo sem estar presente. Sempre fiquei tocado por sua generosidade e pela maneira acolhedora com que nos recebia. Ultimamente, temos participado juntos de algumas pescarias, mas, devido a questões de saúde, ele agora prefere desfrutar da companhia dos amigos, permanecendo em terra firme. Durante esses momentos, conversamos bastante, e eu aprendo muito com sua vasta experiência e conhecimento. Posso afirmar que, nesse ambiente, nasceu uma nova amizade.

João Grandão é um empreendedor no ramo de conserto e instalação de vidro elétrico, trava e alarme para automóveis. Nascido em Patos (PB), e criado no Sítio Fechado, a 18 km da mesma cidade, casado duas vezes e com quatro filhos. Torcedor fervoroso do Corinthians, João Grandão também é pescador, mergulhador e piloteiro, além de proprietário de um rancho em Serra da Mesa, na região de Colinas do Sul (GO). Conheci João Grandão por meio do Piauí, quando fui convidado a pescar em seu rancho. A empatia foi imediata e recíproca. Quando estamos juntos, ele faz questão de me tratar com um cuidado especial, preocupado sempre com o meu bem-estar. Lembro-me bem da nossa primeira pescaria juntos. No primeiro dia, não tivemos muita sorte na pesca. À noite, percebendo uma certa frustração da nossa parte devido ao nosso baixo rendimento do dia, durante uma conversa animada entre amigos, João Grandão e seu caseiro saíram para mergulhar, prometendo trazer alguns peixes para compensar a nossa baixa performance do dia. Dito e feito, voltou de madrugada, nos acordando para mostrar o resultado de sua caça: meia dúzia de belos tucunarés. Este é o João Grandão: seu coração é tão grande quanto o seu apelido. Ele sempre faz de tudo para que nos sintamos em casa, proporcionando um ambiente acolhedor e descontraído. Essa foi a primeira de muitas pescarias que fizemos juntos. Ele vive nos convidando para pescar no seu rancho, bem como conhecer outras localidades. Viramos amigos, e a lembrança de sua generosidade e hospitalidade sempre me acompanha.

O Professor é um servidor público da Secretaria de Fazenda de Minas Gerais e também atua como professor de física e matemática na rede pública estadual. Natural de Paracatu, ele vem de uma família tradicional da região, em que dois de seus tios já ocuparam o cargo de prefeito da cidade por dois mandatos. Casado e pai de dois filhos, Professor é torcedor do Cruzeiro, apaixonado por pesca e um excelente piloteiro. Possui um rancho à beira do rio Paracatu, localizado na Região dos Reis, em Minas, na barra do córrego Rico, o menor afluente daquele rio. Conheci o Professor por meio do Tendão, durante uma pescaria inesquecível. Desde então, o rancho dele tem se tornado um local frequente para as nossas aventuras de pesca, pois ele adora receber amigos para a prática dessa atividade. O rancho é impressionante, com uma excelente infraestrutura: é espaçoso, tem vários quartos com banheiros individuais e fica bem próximo ao rio, o que facilita bastante o acesso para a pescaria. Recordo-me que em uma dessas ocasiões, tivemos o apoio do Pateta, um cozinheiro que nos proporcionou muito conforto e mordomia. O Professor é uma pessoa de tal gentileza e atenção que chega a nos deixar constrangidos. Pescar com ele é sempre uma experiência enriquecedora, não só pela companhia agradável, mas também pelo conhecimento profundo que tem da região e pelas diversas espécies de peixes que conseguimos capturar, como dourado, curimatã, pacu, piranha, mandi e bagre-africano. Sempre faço questão de estar no barco dele, pois compartilhamos as mesmas preferências no esporte. Uma das histórias que mais exemplifica a generosidade do Professor aconteceu comigo, em um final de tarde, enquanto voltávamos para o rancho, subindo o rio, após um longo dia de pescaria. Cansados, ele de repente me perguntou se eu gostava de abóbora. Confesso que fiquei um pouco confuso com a pergunta, mas respondi que sim. Sem hesitar, o Professor encostou o barco na margem do rio, desembarcou e pediu para que eu esperasse ali. Poucos minutos depois, voltou da mata carregando uma enorme abóbora e me disse: "Esta é para você, meu parceiro". Esse gesto simples, mas extremamente atencioso, foi o maior troféu daquela tarde, algo que jamais esquecerei.

O Tendão é servidor público, com formação em Administração e Direito. Nascido em Paracatu (MG), é casado, pai de uma filha e torcedor do Cruzeiro. Cresceu em um ambiente em que a pesca e a caça eram comuns, pois seu pai era caçador e pescador, o que despertou nele uma paixão pelo esporte, desde cedo. Ele passou grande parte de sua infância e juventude pescando na região da comunidade quilombola de Santana do Caatinga, às margens do rio Paracatu, e se tornou um profundo conhecedor da área. Além disso, ele tem vasta experiência pescando em outros rios da região, como os rios Preto, Escuro e São Marcos. Tendão é um excelente piloteiro e compartilha o gosto por pescar à noite, assim como eu. Ele é o tipo de parceiro de pesca que está sempre preparado para qualquer situação. Muito precavido, nunca negligencia a segurança durante nossas aventuras. Uma de suas maiores qualidades é estar sempre bem equipado: sua tralha é completa e diversificada, com um arsenal de iscas que atende a diferentes tipos de pesca. Como já disse, no barco dele sempre se encontra milho azedo, quirela, massinha, coração de boi, minhocuçu, tuvira e as tradicionais piabas. Com todos esses recursos, é fácil entender por que pescar com ele é tão atraente! Além disso, Tendão possui um barco e motor próprios, o que facilita muito as nossas pescarias. Eu o conheci em 2015, no ambiente de trabalho, por meio do Fiel Escudeiro. Rapidamente descobrimos nossa paixão em comum pela pesca e, desde então, não paramos de planejar novas aventuras juntos.

O companheirismo é realmente uma característica marcante entre pescadores esportivos, especialmente quando falamos de amigos como Piauí, João Grandão, Professor e Tendão. Cada um deles traz algo único para nossas jornadas de pesca, seja pela hospitalidade, generosidade, conhecimento da região ou pela preparação meticulosa de cada aventura. Essas qualidades fortalecem ainda mais nossos laços e tornam cada pescaria uma experiência inesquecível. Esses companheiros não só tornam cada pescaria uma aventura memorável como também refletem o verdadeiro espírito do companheirismo. Eles são um lembrete constante de que, na pesca esportiva, assim como na vida, o que mais importa são as pessoas com quem compartilhamos esses momentos.

Na "pesca da vida", assim como na pesca esportiva, o que mais importa não são necessariamente os resultados imediatos ou as conquistas tangíveis, e sim os relacionamentos que cultivamos, as experiências que compartilhamos e as lições que aprendemos ao longo do caminho. O companheirismo entre pescadores é uma ilustração vívida da importância de construir relações baseadas na confiança, na generosidade e no apoio mútuo. Na "pesca da vida", esses valores são igualmente essenciais. Eles nos ajudam a enfrentar os desafios com coragem, a apreciar as alegrias com gratidão e a navegar pelas incertezas com a certeza de que não estamos sozinhos. Assim como na pesca esportiva, em que o sucesso é mais doce quando compartilhado com amigos, na vida as verdadeiras conquistas são aquelas que celebramos com os que amamos e respeitamos.

É igual a um onibus.

SIMPLICIDADE

A simplicidade é a ausência de complicação, a habilidade de focar no essencial e remover o supérfluo. Ela celebra as pequenas coisas e ensina a apreciá-las, cultivando a gratidão pelo que temos. Ser simples é não colocar as expectativas ou ambições em montanhas tão altas que escondam a felicidade, mas valorizar a clareza e a funcionalidade na vida cotidiana, tornando o complexo mais acessível e leve. No âmbito pessoal, simplicidade é desapegar do acúmulo de posses e focar no que realmente agrega valor, promovendo uma existência autêntica e serena. Escolher esse caminho é buscar a essência das coisas, onde reside a beleza, a paz interior e a gratidão. A simplicidade é também liberdade, pois ao abandonar o supérfluo, criamos espaço para uma vida mais plena e significativa. Esse conceito não é sinônimo de mediocridade, mas de encontrar a verdade por trás da complexidade, integrando propósito e leveza no dia a dia. É uma escolha que favorece a conexão com o ambiente e com as pessoas, permitindo focar no que realmente importa. Simplicidade traz riqueza emocional e espiritual, ajudando-nos a alcançar uma felicidade genuína, sem o peso dos excessos. Ela é um estado de espírito que nos convida a viver com plenitude, a valorizar o que é essencial e a encontrar paz nas coisas mais simples. Assim, aprendemos que menos pode ser mais e que na essência habita o verdadeiro significado da vida.

Pude constatar a simplicidade, na sua essência, numa pescaria realizada no rio Urubu, no segundo semestre de 2024. O nosso grupo era composto de 22 pescadores, entre os quais estavam Comandante, Barroso, Botafoguense e Veterinário junto com o seu pai e irmão. Partimos de Brasília num voo pela manhã e chegamos a Manaus por volta do meio-dia. Pegamos um micro-ônibus e fomos almoçar num restaurante de comidas típicas, onde pudemos saborear a culinária local, como pato no tucupi, maniçoba, bolinho de jacaré e pirarucu grelhado. Em seguida, partimos em direção à pousada, onde ficaríamos durante cinco dias. No meio do caminho ainda paramos duas vezes para comprar cerveja, pois a pousada não fornecia bebidas alcóolicas. Chegamos ao nosso destino por volta das 19h, quando nos deparamos com um lindo lugar, provido de instalações adequadas, muito bem cuidado e situado às margens do rio que, por sinal, estava bem baixo, devido à forte seca da época. Nos instalamos, jantamos e passamos a preparar a nossa tralha para a aventura. No dia seguinte, acordamos bem cedo, tomamos café e realizamos o sorteio dos piloteiros. Como sabemos, a cada dois pescadores teríamos um barco com um piloteiro. Assim, participamos de um sorteio com onze nomes, quando fomos contemplados com o Zé. Nos próximos cinco dias, então, eu e o Barroso o teríamos como comandante da nossa embarcação.

Zé é filho de pescador e caçador. Nascido na vila de Lindóia, em Itacoatiara (AM), à época da pescaria tinha 33 anos, sendo o mais velho de uma família de dez irmãos (oito homens e duas mulheres). Casado pela segunda vez, pai de quatro filhos, todos do primeiro casamento (dois homens e duas mulheres), cresceu aprendendo com o pai as técnicas de caça e pesca da região. Como a maioria de seus irmãos, vive da pesca e faz alguns bicos nas pousadas locais, como guia. Uma de suas características marcantes observadas foi o prazer em nos passar um pouco de seus conhecimentos como pescador, seu grande patrimônio. O nosso convívio durante os cinco dias de pesca foi muito proveitoso, não só pela captura de várias espécies de peixes como também pelas nossas prosas, quando passamos a conhecê-lo melhor. Me contou que uma vez, caçando, presenciou um ataque de sucuri ao seu pai e, graças a uma faca que ele portava, pôde se livrar da cobra. Em outra ocasião, quando caçava um tipo de tartaruga, que eles chamam de "cabiçudo", foi mordido por uma surucucu, resultado: ficou desacordado e internado cerca de oito dias num hospital com hemorragia nas gengivas e dores nas juntas.

Foram muitas conversas em que pude constatar e apreciar a sua simplicidade. Uma delas ocorrida no segundo dia de pesca, à noite, quando aconteceria um jogo entre Brasil e Peru pelas eliminatórias da Copa do Mundo de 2026. Indaguei se assistiria ao jogo e, para minha surpresa, nos informou que não apreciava futebol e que também não possuía televisão em casa, por ser muito cara. Interessante observar que não tinha televisão em casa, mas tinha celular, que utilizava com frequência para falar com a esposa. Em outra ocasião, me indagou se eu tinha gostado de Manaus, pois ele não havia se adaptado àquela cidade; afirmava que o ar que respirava lá era diferente. Me dizia também que, nas cidades, tudo dependia de dinheiro, inclusive para comer, enquanto na sua região bastava um pouco de sal, e então era só caçar e pescar.

A sua alegria era contagiante. Todos os dias, logo na partida, ele pilotava o barco gesticulando e gritando: "Vamos atrás deles, doutor, os tucunas que nos aguardem". Como já é sabido, costumo sempre levar a bordo do nosso barco um uísque, que costumo chamar carinhosamente de "velho líquido", e que é utilizado para brindar a captura de grandes troféus. Os três primeiros dias de pesca foram fartos de tucunarés-açu, tucunarés-paca, tucunarés-borboleta, traíras e algumas piranhas. A cada grande captura, eu e o Barroso brindávamos juntos, ainda mais ao fisgar o nosso maior troféu naquela temporada: um tucunaré-açu de 72 cm, pesando 4,5 kg; resolvemos, excepcionalmente, incluir o Zé na nossa comemoração. Ao saborear o "velho líquido", ele reagiu, dizendo: "nossa, que cachaça gostosa", evidenciando assim que, aos 33 anos de idade, nunca havia degustado um uísque.

O tucunaré-paca é uma das espécies mais emblemáticas de peixes da Amazônia e muito apreciada entre os pescadores esportivos. Ele se destaca por suas listras escuras verticais em um corpo amarelado ou verde-oliva, além das manchas esbranquiçadas ou douradas, semelhantes ao segundo maior roedor sul-americano, daí o nome "paca". É o maior entre os tucunarés, podendo atingir até 1 m de comprimento e pesar mais de 10 kg. Ele é conhecido pela força e pela luta intensa que oferece ao ser fisgado, sendo considerado um desafio empolgante para os pescadores. Habita rios e lagos de águas claras e, frequentemente, espreita suas presas entre vegetações submersas ou troncos, alimentando-se de outros peixes, como sardinhas. Além de seu valor esportivo, o tucunaré-paca tem importância ecológica como predador tope na cadeia alimentar, ajudando a controlar populações de outras espécies de peixes na região. Já o tucunaré-borboleta é conhecido por sua coloração vibrante e padrão marcante; apresenta um corpo de amarelado a verde, com três manchas escuras em forma de "ocelos" ao longo dos flancos, lembrando os olhos de uma borboleta, o que deu origem ao seu nome popular. Suas nadadeiras são geralmente amareladas com bordas alaranjadas ou avermelhadas, tornando-o ainda mais chamativo. É uma espécie de tamanho médio, geralmente atingindo entre 40 e 60 cm de comprimento e pesando até 3 kg, embora alguns possam crescer mais. Trata-se de um predador voraz, que se alimenta principalmente de peixes menores, crustáceos e insetos, mantendo um importante papel ecológico nos rios onde vive. Bastante ativo e brigador, ele também é muito popular entre pescadores esportivos, pela emoção que proporciona ao ser fisgado. Prefere águas claras e ambientes com vegetação submersa, troncos ou pedras, que usa para emboscar suas presas.

No quarto dia de pesca, à tarde, aconteceu algo comum naquela região: uma chuva torrencial que, se por um lado foi muito bem--vinda face ao baixo nível do rio, por outro, veio a alterar bastante o comportamento dos peixes. Naquela tarde, não pegamos nada, além de muita chuva, é claro. Como não estávamos preparados para tal acontecimento, portávamos, cada um, apenas uma capa de chuva, que foi utilizada prioritariamente na proteção das nossas tralhas. Resultado: voltamos encharcados para a pousada. Na noite daquele dia, fui mais uma vez surpreendido com o jeito de ser do Zé: ele me abordou no quarto em que estávamos hospedados e disse: "Doutor, me desculpe por não termos pescado nada hoje. Amanhã vai ser outro dia. Vamos pegar muito". O último dia também não foi produtivo. Acreditamos que em consequência das chuvas, pois todo o resto do grupo testemunhou o mesmo comportamento dos peixes. Naquela derradeira noite, o Zé nos ajudou na desmontagem dos equipamentos num clima de muita nostalgia. A sensação que tenho é a de que, tanto ele como nós, tínhamos a convicção de termos conhecido pessoas especiais, as quais nos deixariam marcas positivas para toda a nossa vida. No outro dia de manhã, pegamos o micro-ônibus de volta para o aeroporto em Manaus, quando, então, pude refletir muito sobre os momentos vivenciados nos últimos dias. Já dentro do avião, em pleno voo de volta a Brasília, via WhatsApp, mais uma vez fomos surpreendidos pelo Zé:

Zé: "Tão em Manaus?"

Eu: "No avião. Quase chegando em Brasília"

Zé: "Pode tirar uma foto de dentro do avião? Nunca vi"

Eu: "Pode deixar. Assim que pousar tiro a foto e te mando"

Zé: "Tá bom"

Quando aterrissamos em Brasília, tiramos a foto e a encaminhamos, quando então ele respondeu:

Zé: "É igual a um ônibus"

Eu: "Sim. Um ônibus maior e que voa"

Zé: "Atá"

No outro dia, ele voltou a se comunicar:

Zé: "Boa tarde seu Mauricio. I aí parceiro, como está?"

Eu: "Boa tarde Zé. Tudo certo por aqui. E contigo?"

Zé: "Tudo bem, tou em casa"

Eu: "Que bom. Aproveite bem a companhia da família"

Zé: "Ok obrigado, quando vier no Amazonas me avise"

Eu: "Com certeza"

Essa experiência me fez refletir quanto aos reais valores da vida e, até hoje, medito muito quanto à existência de um ser tão atípico num mundo tão competitivo como o nosso. A experiência vivida no rio Urubu reflete, com intensidade, os ensinamentos da "pesca da vida": uma jornada de busca pelo essencial e de profunda apreciação por aquilo que realmente importa. Durante a pescaria, foi no convívio com o Zé, um homem simples e sábio, que as maiores lições emergiram.

Zé vivia sem excessos, em harmonia com a natureza e com uma sabedoria que não se aprende nos livros, mas na convivência com o mundo ao seu redor. Ele dependia diretamente do que a terra e o rio podiam oferecer, e sua visão de mundo era moldada por uma autenticidade que muitas vezes falta na vida moderna. O tempo ao lado dele não foi apenas uma pescaria comum: foi uma oportunidade de capturar ensinamentos preciosos sobre a verdadeira simplicidade. Entre as conversas compartilhadas, Zé revelou desejos que, para muitos, poderiam parecer banais, mas que, em sua essência, carregavam profundos significados. Ao pedir uma foto do interior de um avião, algo que ele nunca havia visto, Zé mostrou que, mesmo na vida mais simples, existe curiosidade, sonho e vontade de conhecer o que está além. Esse gesto singelo revelou que não são as grandes conquistas materiais que trazem sentido à vida, e sim a capacidade de se encantar com as pequenas coisas e de valorizar o momento presente.

A convivência com o Zé também ressaltou o valor das histórias compartilhadas. Cada conversa era uma troca rica de experiências, reflexões e aprendizados. Aquele ambiente, rodeado pela beleza do rio e pela tranquilidade da natureza, se tornou o palco para um entendimento mais profundo sobre o que significa viver com humildade e gratidão. Mais do que uma pescaria, a vivência no rio Urubu foi uma oportunidade de entender que a "pesca da vida" não se resume ao que capturamos com nossas redes ou varas, mas ao que acumulamos no coração. São as relações humanas, a autenticidade, e a gratidão pelos pequenos momentos que realmente compõem uma existência plena e significativa.

Essa experiência reforçou que a verdadeira riqueza está nas conexões que formamos, na capacidade de admirar o que é simples e no respeito pela natureza. Assim como os peixes que, vez ou outra, se recusam a morder a nossa isca, a vida nos ensina que nem sempre teremos o controle, mas sempre teremos a oportunidade de aprender e apreciar a jornada.

No final, cada instante compartilhado, cada palavra dita e cada sorriso trocado ao lado do Zé tornou-se uma memória que quero guardar para sempre. A pescaria no rio Urubu não foi sobre a quantidade de peixes fisgados, mas sobre a profundidade das lições vividas. Foi uma celebração da simplicidade e da verdade, pilares que sustentam uma vida cheia de sentido e realizações.

Agradecimentos

A realização de um sonho é realmente um momento de profunda gratidão, e saber que ele é fruto de uma parceria com o universo torna tudo ainda mais especial. É a prova de que, mesmo quando nos sentimos sozinhos, sempre há forças maiores nos ajudando e conspirando a nosso favor.

Assim, gostaria de expressar minha imensa gratidão, primeiramente a Deus, por me dar a oportunidade de vivenciar essa jornada e por guiar meus passos até aqui.

Agradeço a minha família, filhos, noras e netos, pelo incentivo e apoio constante, e à minha amada Morena, cuja leitura crítica foi essencial para lapidar estas páginas.

Minha gratidão também se estende à minha sogra querida, pela generosidade em revisar os textos com seu olhar atento; à Madá, cujas indicações editoriais foram valiosas; e a Nícolas Monteiro e Gustavo Lopes, pelas orientações artísticas que enriqueceram este trabalho.

Por fim, quero agradecer profundamente a todos os amigos que se tornaram personagens deste livro. Suas contribuições e validações trouxeram vida a cada história contada aqui. Esta obra é, em grande parte, o reflexo das experiências e aprendizados compartilhados com todos vocês.

Fica aqui minha eterna gratidão a cada um que, de alguma forma, fez parte desta realização. Obrigado por estarem ao meu lado nesta jornada.

FONTE Avory I PE e Baskerville
PAPEL Pólen Natural 80g/m²
IMPRESSÃO Paym